MINISTÈRE DE LA GUERRE.

DÉCRET
DU 26 OCTOBRE 1883
PORTANT RÈGLEMENT
SUR LE
SERVICE DES ARMÉES
CAMPAGNE.

PARIS — LIMOGES
11, Place St-André-des-Arts. — Nouvelle route d'Aixe, 46.

IMPRIMERIE ET PAPETERIE MILITAIRES

Henri CHARLES-LAVAUZELLE
LIBRAIRE-ÉDITEUR

14e édition. — Mai 1886.

F
437

DÉCRET
DU 26 OCTOBRE 1883
PORTANT RÈGLEMENT
SUR LE

SERVICE DES ARMÉES
EN CAMPAGNE

MINISTÈRE DE LA GUERRE.

DÉCRET

DU 26 OCTOBRE 1883

PORTANT RÈGLEMENT

SUR LE

SERVICE DES ARMÉES

EN CAMPAGNE.

PARIS | LIMOGES
11, Place Saint-André-des-Arts | 46, Nouvelle route d'Aixe, 46.

IMPRIMERIE, LIBRAIRIE ET PAPETERIE

Henri CHARLES-LAVAUZELLE

Éditeur militaire.

Mai 1886. — (14ᵉ édition.)

RAPPORT

AU PRÉSIDENT DE LA RÉPUBLIQUE FRANÇAISE

SUR LE

SERVICE DES ARMÉES EN CAMPAGNE.

Paris le 26 octobre 1883.

Monsieur le Président,

L'ordonnance de 1832 sur le service des armées en campagne n'est plus à hauteur des progrès accomplis dans l'organisation, l'armement et la tactique des armées modernes.

Aussi, à diverses reprises, mes prédécesseurs ont cru devoir confier à des commissions et à l'état-major général le soin de reviser cette ordonnance.

C'est le résultat de ce travail que j'ai l'honneur de soumettre à votre haute sanction, sous forme d'un décret portant règlement sur le service des armées en campagne.

Veuillez agréer, Monsieur le Président, l'hommage de mon respectueux dévouement.

Le Ministre de la guerre,
E. CAMPENON.

DÉCRET

DU 26 OCTOBRE 1883

PORTANT RÈGLEMENT

SUR LE

SERVICE DES ARMÉES EN CAMPAGNE.

Le Président de la République française,

Vu le règlement du 3 mai 1832, sur le service des armées en campagne;

Considérant que ce règlement n'est plus à hauteur des progrès accomplis dans l'organisation, l'armement et la tactique des armées modernes;

Sur le rapport du Ministre de la guerre,

Décrète :

TITRE Ier.

De l'organisation générale de l'armée.

CHAPITRE Ier.

De l'organisation générale de l'armée.

Formation des armées.

Art. 1er. — Le CORPS D'ARMÉE est la base de toute formation d'armée. Dès le temps de paix, il est pourvu de ses éléments tels qu'ils sont déterminés par les lois d'organisation de l'armée; il est toujours prêt à être mobilisé.

En dehors des autres éléments qui entrent dans leur composition, les corps d'armée comprennent normalement deux divisions d'infanterie; les divisions d'infanterie, deux brigades; les divisions de cavalerie, trois brigades; les brigades, deux régiments.

Dans certains cas, il peut être formé des corps d'armée, des divisions ou des brigades de composition spéciale, laquelle varie avec le but à atteindre.

Les régiments de cavalerie qui ne font pas partie des corps d'armée sont réunis en brigades ou en divisions destinées à éclairer les armées ou à constituer des réserves.

Les divisions et les brigades de cavalerie peuvent être groupées temporairement en corps de cavalerie pour des opérations spéciales.

Les troupes qui n'entrent pas dans la composition des corps d'armée, ainsi que les corps et les services auxiliaires créés par les lois et décrets en vigueur, sont employés par le Ministre de la guerre suivant les besoins.

En temps de guerre, la composition des armées est réglée suivant les circonstances.

La réunion de plusieurs corps d'armée sous un seul chef forme une ARMÉE.

Lorsque plusieurs armées opèrent sur un même théâtre de guerre, elles sont habituellement réunies sous un commandement unique.

Le commandant en chef d'une ou plusieurs armées peut, pour le temps qu'il juge nécessaire, constituer les troupes dont il dispose en ailes, centre ou réserve.

A chaque armée est attachée une *direction des étapes*.

A chaque armée opérant isolément, et à chaque groupe d'armées réunies sous un commandement unique, est affecté un *service des chemins de fer*.

Dans un groupe d'armées, l'officier général placé à la tête du service des chemins de fer exerce en même temps la haute surveillance du service des étapes, par l'intermédiaire des directeurs des étapes dans chacune des armées; il a le titre de *Directeur général des chemins de fer et des étapes*.

Dans une armée opérant isolément, la haute direction du service des chemins de fer et la direction du service des étapes sont centralisées par un *Directeur supérieur du service des chemins de fer et des étapes*.

Par qui sont commandés les armées, les ailes,
le centre, la réserve.

Art. 2. — Toute armée est commandée par un maréchal de France ou par un général de division, qui reçoit du Président de la République une commission temporaire de *commandant en chef*.

Les commandants d'aile, de centre et de réserve sont au choix du commandant en chef. Ils prennent le titre de *commandant de l'aile droite, de l'aile gauche, du centre, de la réserve*.

Ils n'ont aucun droit d'intervenir dans l'organisation ni dans l'administration des troupes réunies sous leurs ordres; leurs attributions se bornent au commandement et à la direction des troupes dans les opérations et sur les champs de bataille.

Cette prescription s'applique au général commandant temporairement plusieurs divisions de cavalerie.

Les droits, titres et honneurs attachés aux fonctions de commandant en chef, de commandant d'aile, de centre, de réserve d'une armée, cessent avec ces fonctions.

Pendant le cours d'une campagne, le commandant en chef d'une armée peut effectuer parmi les généraux sous ses ordres les mutations que les pertes ou le bien du service rendent nécessaires.

Droits au commandement.

Art. 3. — En cas de mort, de rappel, de démission ou d'absence temporaire, tout titulaire d'un commandement est provisoirement remplacé par l'officier le plus ancien dans le plus élevé des grades que comprend ce commandement.

A grade égal, les officiers de l'armée active ont le commandement sur les officiers de réserve et sur ceux de l'armée territoriale. Toutefois, les officiers retraités, classés dans la réserve de l'armée active, conservent les droits au commandement que leur conférait leur ancienneté au moment où ils ont quitté l'armée. Les officiers retraités, classés dans l'armée territoriale, conservent les mêmes droits au commandement, mais sur les officiers de l'armée territoriale seulement.

Les officiers étrangers ne peuvent exercer ni titulairement, ni provisoirement, le commandement en chef d'une armée ou d'un corps d'armée.

Ils ne peuvent exercer le commandement d'une place forte, ou d'un poste de guerre, qu'à défaut d'officier français ; si donc il se trouve dans la place ou le poste des officiers français, le plus ancien dans le grade le plus élevé, quel que soit ce grade, remplit les fonctions de commandant de la place ou du poste. L'officier étranger conserve, d'ailleurs, le commandement des troupes, s'il est supérieur en grade.

Les officiers étrangers peuvent exercer *provisoirement* le commandement des détachements dans lesquels des troupes des régiments français et des troupes des corps étrangers se trouvent réunies, mais seulement à raison de la supériorité du grade et jamais d'après leur ancienneté; le commandement, à grade égal, revenant toujours, dans ce cas, au plus ancien officier français de ce grade faisant partie du détachement.

Quant au commandement *par intérim* des fractions constituées des corps étrangers, et au commandement *provisoire* des détachements uniquement composés de troupes de ces corps, tous les officiers en faisant partie concourent pour les exercer, à grade égal, d'après leur classement d'ancienneté et sans distinction d'origine.

Sont seuls considérés comme officiers français les officiers nés ou naturalisés français, qui sont pourvus de leur grade conformément à la loi sur l'avancement; les officiers français ou naturalisés français servant au titre étranger sont assimilés en toutes circonstances aux officiers étrangers, et n'ont d'autres droits que ceux dont jouissent ces officiers.

Les dispositions qui précèdent sont applicables aux corps indigènes dans les limites posées par les ordonnances constitutives de ces corps.

Lorsque, en conséquence de l'organisation de l'armée ou de dispositions éventuelles, émanant soit du commandant en chef, soit d'un commandant d'aile, de centre, de réserve, de corps d'armée ou de division, des troupes de cavalerie sont attachées à un corps ou détachement d'infanterie, le commandant de la cavalerie est, même à grade égal et quelle que soit son ancienneté, sous les ordres du commandant de l'infanterie; il ne prend le commandement qu'autant qu'il est supérieur en grade.

Le commandant d'une troupe d'infanterie attachée à un corps ou détachement de cavalerie est soumis, sauf la même exception, aux ordres du commandant de la cavalerie.

Les officiers chargés d'une mission spéciale ont, à grade égal, le commandement sur tous les autres officiers employés dans la même mission.

Quand un officier est chargé de diriger une expédition ou une reconnaissance, sans avoir le commandement de la troupe, le chef de cette troupe et les officiers des différentes armes doivent se concerter avec lui pour toutes les dispositions qui peuvent assurer le succès de l'opération.

Lorsque, par suite d'une mission, un officier a le commandement d'une troupe dans un poste ou dans une opération, il ne peut étendre son autorité au personnel, à l'administration ni à la discipline intérieure de cette troupe.

Rang des troupes entre elles, ordre de bataille et de marche.

Art. 4. — Pour les marches et opérations, les troupes sont placées, suivant les dispositions arrêtées par les généraux, en raison du but à atteindre.

Dans les rassemblements pour les parades, revues, cérémonies publiques, les troupes prennent le rang qui leur est assigné par le règlement sur le service dans les places.

Dans les rapports d'opérations militaires, les corps d'armée, divisions, brigades, régiments, bataillons, compagnies, escadrons et batteries sont désignés par leur numéro suivi du nom de l'officier qui les a personnellement commandés.

Devoirs des officiers généraux à l'égard des troupes.

Art. 5. — Les officiers généraux commandant les corps d'armée, les divisions et les brigades assurent dans les troupes sous leurs ordres l'exécution des règlements de police et de discipline, d'administration et d'instruction; ils veillent avec la plus active sollicitude à tout ce qui intéresse le bien-être du soldat.

Le général de brigade est tenu au courant de l'effectif des régiments, au moyen de la situation sommaire des présents sous les armes, comprenant les mutations, que tout chef de corps ou de détachement lui remet chaque jour; il en rend compte au général de division. Il lui rend compte également des revues qu'il a passées et des réunions de troupes qu'il a ordonnées ou permises pour des manœuvres.

Aucun déplacement de troupes ne peut avoir lieu en dehors des cantonnements sans l'autorisation du général commandant le corps d'armée.

Droits et obligations des généraux en ce qui concerne l'administration de l'armée.

Art. 6. — Le commandant en chef *d'une ou plusieurs armées* en campagne reçoit la délégation d'une partie des pouvoirs administratifs du Ministre de la guerre. Cette délégation est faite dans les limites que le ministre juge nécessaires.

Le *commandant d'une armée* dirige dans son ensemble l'administration de son armée.

Le général commandant un corps d'armée est responsable, envers le général *commandant l'armée*, de l'administration de ce corps d'armée. Il en est de même des généraux commandant les divisions et les brigades à l'égard de leur chef immédiat.

Le directeur des étapes d'une armée est responsable envers le chef d'état-major général de l'armée, et ce dernier envers le général commandant l'armée, de l'administration des troupes et personnels employés dans le service des étapes. Cette responsabilité s'étend à l'administration du service des chemins de fer sur le théâtre de la guerre, quand l'armée opère isolément.

Dans un groupe d'armées, le directeur général des chemins de fer et des étapes relève, en ce qui concerne l'administration du service des chemins de fer, du major général, responsable lui-même envers le commandant en chef des armées.

Le général commandant une armée a sous ses ordres les chefs supérieurs de service (artillerie, génie, intendance, service de santé, trésor et postes, télégraphie militaire, etc.), lesquels n'ont pas généralement de commandement direct, mais qui exercent, en son nom, la haute surveillance et l'inspection technique et administrative des services dans les corps d'armée et dans la direction des étapes.

Les chefs de service des corps d'armée *et les chefs de service de la direction des étapes* exercent au contraire un commandement direct sous l'autorité du commandant de corps d'armée *ou du directeur des étapes*, et sous la surveillance technique et administrative des chefs de service de l'armée.

Les officiers généraux ont le devoir de prévoir les besoins des troupes et de prescrire ou de provoquer les mesures nécessaires pour y satisfaire. Ils donnent l'ordre de pourvoir et de distribuer, et veillent à ce que chacun reçoive les allocations qui lui sont dues.

Le contrôle s'exerce conformément à la loi.

CHAPITRE II.

Des états-majors.

Composition des états-majors.

Art. 7. — Un état-major est placé : auprès de chaque commandant *de groupe d'armées*, d'armée, de corps d'armée, de division ou de brigade ; *auprès du directeur général des chemins de fer et des étapes dans un groupe d'armées ; auprès du directeur supérieur des chemins de fer et des étapes dans une armée opérant isolément ; auprès de chaque directeur des étapes dans un groupe d'armées*. La composition de ces états-majors est fixée suivant la nature et l'importance de ces commandements.

Lorsque plusieurs armées sont réunies sous un

même commandement, le chef d'état-major est un maréchal de France ou un général de division, qui prend le titre de *major général*; il a sous ses ordres *un ou plusieurs* officiers généraux, qui portent le titre d'*aides-majors généraux*.

L'état-major d'une réunion d'armées prend le titre de *grand état-major général*.

Une armée a pour chef d'état-major un général de division ou de brigade, et pour sous-chef un général de brigade ou un colonel du service d'état-major. L'état-major d'une armée prend le nom d'*état-major général*.

Lorsqu'il est formé des ailes, un centre ou une réserve, il peut être organisé pour chacune de ces unités un état-major dont la composition est réglée par le général en chef.

Fonctions des chefs d'état-major.

Art. 8. — Les fonctions d'un chef d'état-major consistent notamment :

1° A transmettre les ordres du général, et à exécuter ceux qu'il en reçoit personnellement pour l'établissement des cantonnements, des bivouacs et des camps, les distributions, les ravitaillements, les réquisitions, les mouvements de troupes, le service de sûreté en station et en marche, les travaux extérieurs, les reconnaissances, les renseignements de toute nature à recueillir sur l'ennemi, les visites de postes, et toutes les autres parties du service ;

2° A donner aux chefs des différents services les instructions qui leur sont nécessaires ;

3° A entretenir des relations suivies avec les chefs de service et avec les corps, afin de connaître la situation de l'armée dans tous ses détails et d'en tenir le général exactement informé;

4° A tenir le journal des marches et opérations; à fournir au commandant en chef et au Ministre de la guerre les tableaux de la force et de l'emplacement des corps et des postes, les rapports sur les marches et les opérations, en un mot tous les renseignements utiles.

Le major général donne directement des ordres au directeur général des chemins de fer et des étapes.

Le chef d'état-major général d'une armée donne directement des ordres au directeur des étapes, et, si l'armée opère isolément, au directeur supérieur des chemins de fer et des étapes.

Le major général, les chefs d'état-major généraux, le chef d'état-major du directeur général ou supérieur des chemins de fer et des étapes, les chefs d'état-major des directeurs des étapes, donnent directement des instructions aux directeurs généraux, directeurs ou sous-directeurs du service de la télégraphie militaire attachés à leurs quartiers généraux respectifs.

Dans les quartiers généraux d'armée, de corps d'armée et de direction d'étapes, les chefs du service vétérinaire sont sous les ordres directs des chefs d'état-major.

Les chefs d'état-major peuvent être autorisés à signer par ordre du général.

Les majors généraux peuvent déléguer pour cette signature les aides-majors généraux.

Service des officiers attachés aux états-majors.

Art. 9. — Les officiers de différents grades

attachés aux états-majors sont employés aux objets généraux du service, tels que les reconnaissances et levés topographiques, les missions, les marches, les camps, bivouacs ou cantonnements, les ambulances, les magasins, les subsistances, les distributions, les parcs, etc.

Le commandant d'un groupe d'armées, d'une armée, d'un corps d'armée, d'une division, le directeur des étapes d'une armée, désigne parmi les officiers de son état-major le commandant de son quartier général; cet officier est sous les ordres directs du chef d'état-major.

Le commandant du quartier général est spécialement chargé de tout le logement dans les lieux où le quartier général est établi; il reconnaît les emplacements à occuper par les postes et les gardes; il se concerte avec le commandant de la gendarmerie pour maintenir au quartier général la police et le bon ordre. Il règle tous les détails relatifs au service de l'escorte et des estafettes, aux isolés, à la ferrure et au service vétérinaire des chevaux du quartier général; il surveille le service des prisons.

CHAPITRE III.

Etats-majors de l'artillerie et du génie.

Etats-majors de l'artillerie et du génie. — Service de ces deux armes.

Art. 10. — L'artillerie est commandée : dans une armée, par un général de division; dans un corps d'armée, par un général de brigade; dans une division d'infanterie, par le colonel ou le lieutenant-colonel du régiment d'artillerie divisionnaire ; dans une division de cavalerie, par un officier supérieur. L'artillerie de corps est commandée par le colonel du régiment d'artillerie de corps ; le parc de corps d'armée, par un officier supérieur. Le parc d'armée ou grand parc est commandé par un colonel ou lieutenant-colonel, qui est en même temps chef du service de l'artillerie des étapes.

A chacun de ces commandements est affecté un état-major composé d'un nombre d'officiers, de gardes et employés déterminé par les besoins du service.

Si plusieurs armées sont réunies sous un seul commandement, il est formé un état-major de l'artillerie qui prend le nom d'*Inspection générale de l'artillerie des armées*.

L'artillerie aux armées est chargée :

1° Du service général des bouches à feu, de l'établissement et de la construction de toutes les batteries et, concurremment avec le génie, des reconnaissances qui se rattachent à l'attaque et à la défense des places ;

2° De l'approvisionnement de l'armée en armes et en munitions de guerre ;

3° Des passages en bateaux, de l'établissement des ponts d'équipages et de celui des ponts mobiles construits avec des matériaux trouvés dans le pays.

Elle peut être également chargée de l'établissement des ponts en bois sur pilotis et sur chevalets.

Le génie est commandé : dans une armée, par un officier général ; dans un corps d'armée, par un général ou un colonel ; dans une division d'infanterie, par un chef de bataillon ; dans une direction d'étapes d'armée, par un colonel ou un lieutenant-colonel ; dans un parc d'armée, par un officier supérieur, subordonné au chef du service du génie des étapes.

Le commandant du génie d'une armée ou d'un corps d'armée, le chef de service du génie des étapes, le directeur d'un parc du génie d'armée, sont respectivement assistés par un état-major comprenant un nombre d'officiers et d'adjoints déterminé d'après les besoins du service.

Quand plusieurs armées sont réunies sous un seul commandement, il est formé un état-major du génie qui prend le nom d'*Inspection générale du génie des armées*.

Le génie aux armées est chargé :

1° Des travaux de fortification permanente;

2° Des travaux pour la défense et l'attaque des places, et des reconnaissances qui s'y rattachent;

3° Des travaux de fortification passagère que les généraux jugent à propos d'établir, tels que : épaulements, tranchées, redoutes, fortins, têtes de ponts, lignes et camps retranchés, digues d'inondation, etc., et des reconnaissances qui en dépendent;

4° Des travaux de marche et d'opérations, tels que : l'ouverture de passages, la construction, le rétablissement ou la destruction des routes, des ponts en maçonnerie, des ponts en bois sur pilotis ou sur chevalets; il peut être également chargé de l'établissement de ponts mobiles, construits avec des matériaux trouvés dans le pays;

5° De fournir à la direction supérieure des chemins de fer de campagne des troupes spéciales chargées des travaux de réparation et de destruction des chemins de fer.

En principe, le service qui construit un pont est chargé d'établir les rampes d'accès de ce pont.

Tout commandant de l'artillerie ou du génie reçoit directement ou par l'intermédiaire du chef d'état-major les ordres de l'officier général près duquel il est employé ; il communique à ce général les ordres qui lui sont donnés par les officiers généraux ou supérieurs de son arme.

Lorsqu'il y a lieu d'établir des garnisons stables dans des places ou des postes militaires conquis ou créés par l'armée, le service du génie et celui de l'artillerie prennent, dans ces places ou postes, les mêmes attributions que dans les places nationales.

Il est défendu aux officiers de l'artillerie et du génie de communiquer à tout autre qu'aux généraux sous les ordres desquels ils sont employés, ou à leurs chefs d'état-major, les états d'approvisionnement, le plan des places et celui des travaux exécutés ou à exécuter.

CHAPITRE IV.

De l'intendance.

Administration de l'armée.

Art. 14. — En campagne, les services administratifs sont dirigés, sous l'autorité du commandement : dans une armée, par un intendant général ; dans un corps d'armée, par un intendant militaire ; dans une direction d'étapes, par un intendant ou un sous-intendant militaire ; dans une division et dans chaque quartier général d'armée, d'aile, de centre, de réserve ou de corps d'armée, par un sous-intendant militaire.

Quand plusieurs armées sont réunies sous un même commandement, la direction du service de l'intendance de ces armées prend la dénomination d'*Inspection générale des services administratifs des armées*.

Un sous-intendant militaire ou un adjoint à l'intendance est attaché, autant que possible, aux brigades isolées, aux commandements d'étapes des stations têtes d'étapes de guerre, des têtes d'étapes de route et des gîtes principaux d'étapes, aux commissions ou commandements de gare des stations-magasins, à la direction et aux commissions des chemins de fer de campagne.

Des fonctionnaires de l'intendance sont, en outre, mis à la disposition des intendants et sous-intendants chefs de service dans les armées, corps d'armée, divisions et directions des étapes, pour la direction et la surveillance des services administratifs et pour les missions.

Des officiers et des troupes d'administration sont chargés, sous les ordres immédiats des fonctionnaires de l'intendance, d'assurer l'exécution des divers services administratifs.

Rapports et correspondances.

Art. 12. — En dehors de leurs chefs hiérarchiques, les intendants et sous-intendants ne doivent des rapports de service qu'au commandant ou au chef d'état-major du corps (armée, corps d'armée, division, brigade, direction d'étapes) auquel ils sont attachés.

Ils prennent les ordres des officiers généraux pour la constitution des approvisionnements, pour l'emplacement des magasins, pour les distributions et pour toutes les dispositions propres à assurer les divers services; ils leur soumettent les propositions ayant pour objet de changer la quotité et l'espèce des distributions; ils leur rendent compte journellement de la situation des approvisionnements ainsi que des ressources de toute nature, et leur communiquent les ordres qu'ils reçoivent directement des fonctionnaires supérieurs de l'intendance.

Les sous-intendants attachés aux commissions ou commandements de gare des stations-magasins doivent aux commissaires ou commandants militaires les rapports et situations prescrits par le directeur des étapes de l'armée à laquelle ces stations sont affectées.

Les sous-intendants attachés aux directions et commissions de chemins de fer de campagne doivent des rapports de service aux membres militaires présidents de ces directions ou commissions.

Les fonctionnaires de l'intendance correspondent entre eux, avec leurs subordonnés administratifs et avec leurs supérieurs hiérarchiques, en se conformant aux dispositions réglementaires.

Attributions spéciales.

Art. 13. — L'intendant général d'une armée reçoit du Ministre de la guerre la délégation de l'ensemble des crédits destinés à assurer tous les services de cette armée; il les sous-délègue, sur l'ordre du général commandant l'armée, au fur et à mesure des besoins, aux directeurs des services qui ont qualité pour ordonnancer les dépenses.

Les crédits destinés à assurer les services du grand quartier général et le service des chemins de fer de campagne, lorsque plusieurs armées sont réunies sous un commandement unique, sont délégués par le Ministre de la guerre à l'inspecteur général des services administratifs des armées, qui les sous-délègue dans les conditions indiquées ci-dessus.

L'organisation, la direction et l'exécution des services administratifs; la surveillance et le contrôle habituel de l'administration et de la comptabilité des corps de troupe et des détachements; l'ordonnancement des dépenses, y compris celles du service de santé et du service des chemins de fer de campagne; la vérification et l'arrêté de compte des distributions et consommations de tout genre, soit que les fonds ou les matières proviennent de pays occupés par l'armée, soit qu'ils proviennent des prises faites sur l'ennemi; enfin, tous les détails de l'administration de l'armée, excepté en ce qui concerne le matériel de l'artillerie et du génie, forment les attributions spéciales et les devoirs de l'intendance.

Responsabilité des généraux et des intendants.

Art. 14. — L'ordre de pourvoir et de distribuer, l'indication des lieux de distribution, constituent, avec les opérations militaires, *la responsabilité du commandement.*

Les mesures d'exécution pour pourvoir et distribuer, la justification du payement et de la distribution, constituent *la responsabilité des intendants envers le commandement.*

CHAPITRE V.

Du service de santé.

Direction du service.

Art. 15. — En campagne, le service de santé est dirigé, sous l'autorité du commandement : dans une armée, par un médecin inspecteur ; dans un corps d'armée, par un médecin principal ; dans une division, dans une brigade isolée, par un médecin principal ou major ; à la direction des étapes d'une armée, par un médecin principal.

Lorsque plusieurs armées sont réunies sous un même commandement, la direction du service médical prend la dénomination d'*inspection générale du service de santé des armées.*

Il est attaché un médecin chef de service à chaque place de guerre.

Dans chaque corps de troupe et dans chaque formation sanitaire de campagne (ambulance, hôpital de campagne, hôpital d'évacuation), le médecin le plus ancien dans le grade le plus élevé a le titre et les fonctions de médecin-chef.

Des médecins militaires sont placés près des médecins directeurs ou chefs de service, pour concourir sous leurs ordres à l'exécution du service.

Les médecins directeurs ou chefs de service soumettent au commandement leurs propositions pour la composition et l'emplacement des hôpitaux, ambulances, postes de secours, ainsi que pour les mesures qu'ils jugent utiles au bien du service.

Ils lui rendent compte journellement de la

situation sanitaire, et lui communiquent les ordres qu'ils reçoivent directement de leurs chefs médicaux.

Exécution du service.

Art. 16. — Le service de santé comprend le service de l'avant et le service de l'arrière.

Le service de l'avant se compose :

1° Du *service régimentaire* destiné à donner des soins aux malades et blessés des corps de troupe, en station, en marche, et pendant le combat ; il est assuré par les médecins des corps, assistés des infirmiers et brancardiers régimentaires ;

2° Du *service des ambulances*, qui concourt avec le service régimentaire à l'enlèvement des blessés, qui leur donne les secours nécessaires, et qui assure l'évacuation sur les hôpitaux des blessés et malades transportables ;

3° Des *hôpitaux de campagne*, destinés à s'établir le plus tôt possible à proximité du champ de bataille pour relever les ambulances, les renforcer au besoin, et traiter sur place les blessés et malades qui ne peuvent être évacués.

Le *service de l'arrière* est dirigé, sous l'autorité du directeur des étapes, par le médecin chef du service des étapes. Il comprend deux groupes destinés, le premier à l'*hospitalisation sur place*, le second à l'*évacuation*.

Au premier groupe appartiennent : — les hôpitaux de campagne temporairement immobilisés qui passent dans la zone des étapes quand l'armée continue sa marche en avant ; — les hôpitaux de campagne destinés à isoler et à traiter les hommes atteints de maladies épidémiques ou contagieuses ; — les dépôts de convalescents et les petits dépôts d'éclopés, qui reçoivent les hommes capables de reprendre leur service après quelques jours de repos ou de traitement ; — les hôpitaux et hospices permanents du pays occupé, utilisés par le service de santé militaire ; — les hôpitaux auxiliaires créés par les sociétés de secours aux blessés, les sociétés locales ou les particuliers.

Le second groupe comprend : — les hôpitaux d'évacuation, placés à chaque station tête d'étapes de guerre et à chaque tête d'étapes de route pour recevoir les malades et blessés transportables provenant des ambulances et hôpitaux de campagne, leur donner les soins nécessaires et les diriger sur les hôpitaux de l'intérieur ; — les infirmeries de gare et de gîte d'étapes ; — les transports d'évacuation (convois d'évacuation sur les voies de terre et d'eau, trains d'évacuation sur les voies ferrées).

Lorsque plusieurs formations sanitaires sont établies dans un même gîte d'étapes ou cantonnement, le médecin chef le plus ancien dans le grade le plus élevé remplit les fonctions de chef de service au point de vue des rapports avec le commandement.

En ce qui concerne l'exécution du service de santé, les médecins militaires ont autorité sur tout le personnel militaire et civil attaché d'une manière permanente ou temporaire à leur service ; ils donnent des ordres aux pharmaciens, aux officiers d'administration, aux infirmiers, ainsi qu'aux troupes des équipages militaires ou autres momentanément mises à leur disposition.

L'intendance ordonnance toutes les dépenses

du service de santé et fournit, en exécution des ordres du commandement, le matériel et les approvisionnements nécessaires aux hôpitaux et ambulances.

La *Société française de secours aux blessés* est autorisée à seconder le service militaire sous l'autorité du commandement et des directeurs du service de santé. Son intervention, aux armées, consiste à prêter son concours au service de l'arrière en ce qui concerne les transports d'évacuation, les infirmeries de gare et les hôpitaux auxiliaires. Ce concours ne peut être étendu ni au service de l'avant, ni aux hôpitaux d'évacuation.

La Société est représentée, dans chaque armée ou corps d'armée opérant isolément, par un *délégué d'armée*, agréé et commissionné par le Ministre de la guerre. Le délégué d'armée désigne, sous l'agrément de l'autorité militaire, des délégués spéciaux quand la Société est appelée à coopérer au service des évacuations.

Les délégués ne prennent aucune mesure sans l'assentiment préalable des chefs militaires; ils se conforment à tout ordre concernant le service, que ces chefs leur adressent, soit directement, soit par l'intermédiaire des directeurs du service de santé; ils font passer par ces directeurs leur correspondance avec le général commandant.

Carnet médical. — Rapports.

Art. 17. — A partir de la mobilisation, il est tenu, par les soins du médecin chef de service, dans chaque corps ou fraction de corps, et dans chaque formation sanitaire, un carnet médical où sont consignés les nom, grade, compagnie, etc., de chaque malade ou blessé, la nature de l'affection, la date de l'interruption du service, la destination donnée à l'homme, la date du retour au corps. Ce carnet permet d'établir périodiquement, aux époques déterminées, des rapports au chef de corps et au directeur de santé.

Chaque directeur du service de santé tient un journal des marches et opérations. Il établit un rapport spécial après chaque combat.

CHAPITRE VI.

De l'aumônerie militaire.

Place des aumôniers.

Art. 18. — Dans les armées en campagne, les aumôniers des différents cultes prennent place et marchent avec le personnel des ambulances des fractions de l'armée auxquelles ils sont attachés.

CHAPITRE VII.

Du service de la trésorerie et des postes.

A qui est confié le service de la trésorerie et des postes.

Art. 19. — Le service de la trésorerie et des postes aux armées est confié à des agents préposés à l'exécution simultanée de ces deux services.

Ces services continuent à relever du Ministre des finances en ce qui concerne le personnel, l'alimentation des caisses, la comptabilité et la partie technique du service.

Sous le rapport de la discipline, de la direction du service, des ordres de route, de station, d'emplacement des caisses et des bureaux, de l'expédition et de la sûreté des courriers, ils sont placés sous les ordres du commandement.

Répartition du personnel.

Art. 20. — Il est placé au grand quartier général, ainsi qu'à chaque quartier général d'armée, un payeur général, chef du service de la trésorerie et des postes.

Un payeur principal est attaché à chaque corps d'armée, ainsi qu'à chaque direction d'étapes d'armée; un payeur particulier à chaque division d'infanterie ou de cavalerie, et à chaque commandement d'étapes de station tête d'étapes de guerre et de tête d'étapes de route. Des payeurs sont attachés à la direction et, au besoin, aux commissions des chemins de fer de campagne.

Le personnel comprend, en outre, des agents et sous-agents dont le nombre est déterminé par les Ministres de la guerre et des finances.

Organisation générale du service.

Art. 21. — Il est pourvu par les Ministres de la guerre et des finances à l'organisation des bureaux et des caisses nécessaires au service.

En principe, les payeurs et les caisses suivent les mouvements des quartiers généraux, commandements ou services, auxquels ils sont attachés, à moins d'ordre contraire du général commandant ou du chef militaire du service.

Lorsque les besoins du service exigent, sur certains points, l'établissement temporaire de bureaux et de caisses, le général commandant l'armée donne au payeur général les ordres nécessaires, sur la proposition de l'intendant en chef de cette armée.

L'acquittement de toutes les dépenses d'une armée exigeant un ordonnateur et un payeur, les chefs des deux services de l'ordonnancement et du payement devront se concerter pour tout ce qui concerne l'emplacement et l'alimentation des caisses.

CHAPITRE VIII.

De la télégraphie militaire.

Service de la télégraphie militaire.

Art. 22. — La télégraphie militaire aux armées a pour mission d'établir et de desservir les communications télégraphiques.

Le service est organisé *par armée*; il a à sa tête une direction établie au quartier général de l'armée, et composée d'un directeur et d'agents en nombre suffisant pour le service. Le directeur reçoit des instructions du chef d'état-major et prescrit l'établissement des lignes et des postes. Les lignes ne peuvent être établies ou détruites que sur l'ordre du commandant de l'armée, à qui les commandants de corps d'armée adressent leurs propositions.

Le service de *première ligne* est exécuté par les sections de première ligne et par les parcs télégraphiques, sous les ordres d'un sous-directeur.

Il est chargé de relier entre eux et au quartier général de l'armée les quartiers généraux des corps d'armée et les points désignés par le commandant de l'armée.

Le service de *deuxième ligne* est confié à des sections télégraphiques de chemins de fer et d'étapes. Le sous-directeur de ce service réside auprès du directeur des étapes et reçoit les instructions de son chef d'état-major. Il est chargé de rattacher le réseau de première ligne à celui de l'intérieur; de desservir, dans les territoires occupés, les lignes d'étapes et de chemins de fer, et tous les postes situés en arrière de l'armée; enfin, lorsque plusieurs armées opèrent sur le même théâtre, de relier les quartiers généraux d'armée avec le grand quartier général.

L'établissement et l'exploitation des réseaux affectés au service télégraphique des chemins de fer de campagne sont concertés entre les deux services intéressés. Des sections télégraphiques d'étapes et de chemins de fer peuvent être adjointes à cet effet aux sections techniques d'ouvriers de chemins de fer de campagne.

Les *sections de forteresse* sont chargées, dans le rayon des opérations de l'armée, de relier les places fortes au réseau du territoire, ainsi qu'aux places et forts voisins, et de desservir les postes optiques ou électriques à l'intérieur de chacune de ces places. Le personnel de ces sections fait partie des garnisons de guerre et est sous les ordres des gouverneurs.

Lorsque plusieurs armées opèrent sous le commandement d'un même chef, il peut être constitué au grand quartier général *une direction générale de télégraphie militaire*.

Dans ce cas, et bien que le service reste constitué par armée, les réseaux d'étapes des diverses armées forment les parties d'un même tout, astreintes à fonctionner en parfaite concordance. Le directeur général des chemins de fer et des étapes détermine en conséquence, sur la proposition du directeur général de la télégraphie militaire, l'affectation des lignes télégraphiques principales et l'emplacement des bureaux où se fait la jonction des services spéciaux aux zones d'étapes de chaque armée.

Dans un corps d'armée opérant isolément, il est constitué un service télégraphique de 1re et de 2e ligne dans les conditions spécifiées ci-dessus.

Le personnel télégraphique relève, pour son service technique, du directeur de la télégraphie de l'armée; il est subordonné, pour la discipline, aux commandants militaires des localités ou des colonnes dans lesquelles il se trouve.

CHAPITRE IX

Des transports militaires. — Service des chemins de fer et des étapes.

Partage des attributions.

Art. 23. — Au début de la guerre, après l'achèvement des concentrations, le Ministre de la guerre détermine, pour chaque théâtre, une *base d'opérations* au delà de laquelle tous les transports par chemin de fer à destination ou en provenance des armées sont ordonnés par le commandant en chef des armées, lequel fait exercer cette attribution par le directeur général des chemins de fer et des étapes.

Au delà de cette même base, le service des étapes, comprenant tous les services de l'arrière, moins celui des chemins de fer, est centralisé dans chaque armée par le directeur des étapes.

Dans une armée opérant isolément, le service des chemins de fer au delà de la base d'opérations et tous les autres services de l'arrière sont réunis sous la direction du directeur supérieur des chemins de fer et des étapes.

Au cours de la guerre, la base d'opérations peut être déplacée par le Ministre, d'accord avec le commandant en chef.

Organisation du service des chemins de fer.

Art. 24. — En deçà de la base d'opérations, les transports par chemins de fer sont ordonnés, au nom du Ministre de la guerre, par la *Commission militaire supérieure des chemins de fer* ou par une commission exécutive prise dans son sein ; ils sont exécutés par les Compagnies nationales.

La commission supérieure est secondée par des *commissions et sous-commissions de ligne*, qui ont sous leurs ordres des *commissions de gare* composées d'un officier, commissaire militaire, et d'un agent des compagnies, commissaire technique.

Les mouvements de personnel et de matériel entre les dépôts et établissements du territoire, et les gares ouvertes aux transports militaires en deçà de la base d'opérations, sont assurés par le commandement territorial à l'aide des moyens employés en temps de paix.

Au delà de la base d'opérations, les mouvements sont ordonnés, au nom du commandant en chef des armées ou de l'armée opérant isolément, par le directeur général ou supérieur des chemins de fer et des étapes ; ils sont dirigés, savoir :

1° Sur les réseaux pour lesquels l'exploitation par les Compagnies nationales peut être maintenue, *par une Délégation de la Commission militaire supérieure des chemins de fer aux armées.* Cette délégation est secondée par les commissions et sous-commissions de ligne et par des commissions de gare. Elle fait exécuter le service d'après les règles adoptées en deçà de la base d'opérations.

Les stations au delà desquelles cesse l'exploitation par les Compagnies nationales sont dénommées *stations de transition.*

2° Au delà des stations de transition, par la *Direction des chemins de fer de campagne,* secondée par des *commissions de chemins de fer de campagne,* auxquelles sont subordonnés des *commandements de gare.* Chacun de ces organes est composé d'un membre militaire et d'un membre technique ; en toute circonstance, le membre militaire a autorité sur le membre technique et sur le personnel en sous-ordre.

Les personnels d'exécution comprennent :

1° *Les sections techniques d'ouvriers de chemins de fer de campagne ;* 2° *les sections télégraphiques de chemins de fer et d'étapes* mises à la disposition de la direction des chemins de fer de campagne ; 3° des compagnies ou détachements *d'ouvriers de chemins de fer du génie.*

Le matériel d'exploitation est livré aux stations de transition par les Compagnies nationales, sur la réquisition faite à la commission supérieure par la direction des chemins de fer de campagne.

Fonctionnement du service des chemins de fer.

Art. 25. — *Stations point de départ d'étapes.*
— Dans chaque région de corps d'armée à l'intérieur, il est désigné une gare, dite *station point de départ d'étapes*, sur laquelle sont dirigés les transports prenant leur origine dans la région et destinés à l'armée, ou provenant de l'armée, à destination des établissements ou dépôts de la région. Toutefois, les trains d'évacuation provenant d'une armée sont dirigés, à partir de la base d'opérations, sur une gare point de départ d'étapes de la portion du territoire assignée à cette armée dans le plan général de répartition des malades et blessés, qui a été arrêté à l'avance par le Ministre de la guerre.

De la gare point de départ d'étapes, les transports à destination des armées sont dirigés, savoir : les transports de personnel, sur leur destination ; les transports de matériel et d'approvisionnements, sur *les stations-magasins*, où ils sont, en règle générale, déchargés immédiatement et emmagasinés.

Stations-magasins. — Les stations-magasins, tout en servant à maintenir à proximité du théâtre de la guerre les approvisionnements de toute nature, permettent de régulariser le mouvement de ces approvisionnements vers l'armée ou leur évacuation sur l'intérieur.

Le Ministre de la guerre désigne, avant l'entrée en campagne, l'emplacement des stations-magasins, ainsi que l'armée ou la fraction d'armée que chacune d'elles est appelée à desservir. Les emplacements et les affectations des stations-magasins peuvent être modifiés au cours des opérations par le Ministre, après entente avec le commandant en chef des armées.

Ces stations peuvent avoir, comme annexes, des trains de munitions et de subsistances dits *en-cas mobiles*, qui constituent en avant d'elles des magasins roulants pour servir aux ravitaillements urgents.

Les stations-magasins sont administrées par les autorités du territoire ou par les services de l'armée, selon qu'elles sont situées en deçà ou au delà de la base d'opérations; mais leurs approvisionnements sont à la disposition exclusive du directeur des étapes de l'armée à laquelle elles sont affectées.

Stations de transition. — Leur emplacement est déterminé par le directeur général ou supérieur des chemins de fer et des étapes. La commission de gare d'une station de transition est tenue de déférer aux ordres d'urgence qui lui sont adressés par la direction des chemins de fer de campagne.

Stations têtes d'étapes de guerre. — La station où aboutissent, au delà de la base d'opérations, les transports destinés à une armée ou à une fraction d'armée déterminée, porte le nom de *station tête d'étapes de guerre*. L'emplacement et l'affectation de ces stations sont fixés et modifiés en cours d'opérations, par le directeur général ou supérieur des chemins de fer et des étapes. Des annexes temporaires peuvent être créées dans les stations voisines.

Les magasins et dépôts des stations têtes d'étapes de guerre sont établis, autant que possible, en dehors et à proximité de la gare; leur installation incombe au service des étapes.

Marche des trains. — Les tableaux de marche établis sur chacun des réseaux comprennent, indépendamment de trains réguliers circulant à l'aller et au retour entre les stations points de départ d'étapes et les stations têtes d'étapes de guerre, un certain nombre de trains facultatifs pour les expéditions des stations-magasins et pour les évacuations. Les trains spéciaux extraordinaires ne peuvent être expédiés que sur l'ordre exprès du directeur général ou supérieur des chemins de fer et des étapes, à moins toutefois qu'il ne s'agisse de pourvoir à la sûreté de la ligne.

Service des étapes.

Art. 26. — Le directeur des étapes d'une armée a sous ses ordres : un état-major; des chefs de service de l'artillerie, du génie, de l'intendance, de santé, de la prévôté, de la trésorerie et des postes, de la télégraphie militaire; des organes et personnels d'exécution de ces divers services; des commandements d'étapes; des troupes d'étapes; des fonctionnaires d'administration civile et de police.

Les lignes d'étapes de route sont établies en prolongement des stations têtes d'étapes de guerre jusqu'à une distance d'environ deux marches des cantonnements du gros des corps d'armée. Ces lignes sont jalonnées par des *gîtes d'étapes* distants d'environ 25 à 30 kilomètres et dans chacun desquels est établi un *commandement d'étapes*. Une ligne d'étapes suffit, en général, pour deux corps d'armée.

Lorsque plusieurs armées sont réunies sous un même commandement, le directeur général des chemins de fer et des étapes délimite les zones d'étapes attribuées à chacune des armées. Il assigne à chaque armée la portion du réseau ferré dont elle devra assurer la protection. Il arrête la direction générale des lignes d'étapes de route et l'emplacement des principaux gîtes d'étapes, surtout lorsque les lignes d'étapes de plusieurs armées se confondent ou s'entrecroisent.

Des lignes d'étapes auxiliaires peuvent être établies transversalement ou parallèlement aux chemins de fer. Dans les gîtes touchant aux voies ferrées, les fonctions de commandant d'étapes peuvent être confiées aux commissaires militaires ou commandants de gare. Cette réunion des deux fonctions est de règle dans toute station-magasin située au delà de la base d'opérations.

Un commandement d'étapes est toujours établi dans les stations têtes d'étapes de guerre, à côté de la commission ou du commandement de gare; il forme la liaison entre le service des étapes et celui des chemins de fer.

L'extrémité d'une ligne d'étapes porte le nom de *tête d'étapes de route*; c'est là qu'a lieu la liaison entre le service des étapes et les services des corps d'armée.

Lorsqu'une ligne d'étapes s'allonge, on crée, à des distances de 3 à 4 étapes, des *gîtes principaux*, formant centres d'approvisionnement, et dont les commandants ont autorité sur les commandants des gîtes intermédiaires.

Le commandant d'étapes exerce les attributions d'un commandant d'armes à l'égard des troupes et personnels d'étapes stationnés dans son ressort, ainsi qu'à l'égard des troupes, convois, et isolés de passage. Il est le suppléant du sous-intendant militaire dans les gîtes où ne réside pas de fonctionnaire de l'intendance.

Les commandants de troupes, de détachements ou de convois et les isolés de passage doivent, à leur arrivée dans le gîte d'étapes, se présenter au commandant d'étapes, ou l'informer de leur arrivée s'ils sont d'un grade supérieur au sien.

Toute colonne qui passe dans le voisinage d'un gîte, sans le traverser, informe de son mouvement le commandant d'étapes.

Les isolés ou petits détachements de passage ne doivent, sous aucun prétexte, être retenus pour le service des étapes. Ils peuvent toutefois être maintenus provisoirement dans le gîte, lorsqu'il y a intérêt à les grouper en un détachement unique.

Sauf les cas d'urgence, aucune réquisition ne peut être faite dans le gîte d'étapes que par le commandant d'étapes ou sur son visa.

Relations du service des étapes avec les troupes d'opérations et avec le service des chemins de fer.

Art. 27. — *Relations avec les troupes d'opérations.* — Le directeur des étapes reçoit des chefs de service du quartier général de l'armée, et notifie aux chefs des services correspondants des étapes, les demandes de matériel et de denrées, ainsi que les instructions techniques relatives à l'exécution des ordres du commandant de l'armée.

Les commandants de corps d'armée peuvent être autorisés par le commandant de l'armée à adresser au directeur des étapes des demandes de matériel et de denrées et à concerter avec lui les dispositions relatives aux livraisons, réexpéditions et évacuations.

En cas d'urgence, les états-majors et services des corps d'armée font parvenir directement lesdites demandes aux agents des services intéressés du commandement d'étapes le plus avancé; le directeur des étapes en est informé par le commandant du corps d'armée.

Le service des étapes doit toujours être en mesure de ravitailler dans la limite *d'un jour de vivres*, sans demande préalable, les équipages des corps d'armée qui se présentent au gîte le plus avancé.

Relations avec le service des chemins de fer. — Le directeur des étapes se tient en relations constantes avec la commission de ligne ou de chemins de fer de campagne chargée du réseau affecté à l'armée. Ces relations ont pour objet la communication des tableaux de marche des trains, les demandes de transport et les mesures de protection de la voie, des gares et des trains.

Le directeur des étapes adresse à la commission susvisée ses demandes de transport; il peut déléguer aux commandants des gîtes d'étapes établis sur la voie ferrée la faculté d'adresser aux gares des demandes de transport de personnel et de matériel par les trains réguliers. En cas d'urgence, il peut charger les commandants d'étapes des stations têtes d'étapes de guerre d'adresser en son nom les demandes de transport de toute nature.

Il adresse directement aux commissaires militaires des stations-magasins les ordres indiquant les expéditions à faire par ces stations sur l'armée; il leur demande des situations et des rapports. Il peut déléguer ses pouvoirs à cet égard aux commandants d'étapes des stations têtes d'étapes de guerre.

Lorsqu'un commandant d'étapes et un commandant ou commissaire militaire de gare sont établis dans la même localité, la sphère d'action de ce dernier se réduit au terrain occupé par la gare et ses annexes.

CHAPITRE X.

Des dépôts.

Des dépôts.

Art. 28. — Les dépôts restent établis, si la marche des opérations le permet, dans le lieu de leur garnison habituelle. Les dépôts de chaque brigade sont sous les ordres d'un officier général ou supérieur du cadre de réserve, relevant du général qui prend le commandement du territoire le jour où le corps d'armée mobilisé quitte la région.

CHAPITRE XI.

Des soldats près des officiers.

Des soldats près des officiers.

Art. 29. — Les généraux et les officiers sans troupe ou assimilés montés ont, pour soigner leurs chevaux et entretenir leurs armes, des soldats dans les conditions déterminées par les règlements en vigueur. Ces soldats suivent les officiers auxquels ils sont attachés ou marchent avec les bagages.

Les officiers sans troupe et leurs assimilés, non

montés, sont autorisés à employer des **soldats empruntés** au personnel de leur service ; ces soldats ne cessent pas de coopérer au service général.

Les colonels et les lieutenants-colonels des corps de troupe sont autorisés à avoir chacun deux soldats à leur choix ; les autres officiers sont autorisés à en avoir un. Les officiers composant l'état-major du régiment, y compris les médecins et les vétérinaires, choisissent dans tout le corps, sauf la confirmation du colonel, le soldat qui leur est attribué; les autres officiers le prennent dans la troupe qui est immédiatement sous leurs ordres.

Les soldats des officiers de tout grade des corps de troupe sont exempts de service et de corvée, mais ils rentrent dans le rang pour marcher et combattre. Il n'est fait d'exception que pour ceux employés par des officiers auxquels le règlement alloue plus d'un cheval ; ces soldats conduisent les chevaux de main et marchent à la gauche du corps.

TITRE II.

Des ordres.

Dispositions générales.

Art. 30. — Les décisions des commandants d'armée, les dispositions arrêtées par eux à l'égard de l'armée ou du pays occupé, les communications que les généraux et les chefs de corps ont à faire à leurs troupes doivent généralement paraître sous le titre et dans la forme *d'ordres*.

Les ordres sont *généraux* ou *particuliers* ; ils sont rédigés de préférence dans le style d'ordre purement militaire.

Tous les ordres sont numérotés ; on suit des séries différentes pour les ordres généraux et les ordres particuliers. Les généraux, les chefs de corps et de service font tenir des registres pour l'inscription de ces ordres.

Le chef de l'état-major général adresse tous les mois au Ministre de la guerre le relevé du registre des ordres généraux de l'armée.

Ordres généraux.

Art. 31. — L'ordre général est donné pour toute l'armée, pour une aile, pour le centre, pour la réserve, pour chaque corps d'armée, chaque division, chaque brigade, chaque régiment, par le commandant de chacune de ces réunions de troupes.

L'ordre général est donné chaque fois seulement qu'il y a matière ; il est destiné à indiquer :

1º Les mesures concernant les mouvements d'ensemble ;

2º La nature, l'heure et le lieu des distributions ;

3º Les heures des appels et des différents services ; les règles de police et les défenses qu'exigent les circonstances et les localités ;

4º Les états à fournir et leurs modèles ;

5º Les lois, décrets et décisions, relatifs à l'armée ;

6º Les éloges ou reproches aux corps ou aux individus ;

Enfin tout ce dont il importe que l'armée soit instruite.

Ordres particuliers.

Art. 32. — Les ordres donnés par le commandant d'une troupe à une partie seulement de cette troupe sont des *ordres particuliers*. Ils ont pour objet des mouvements à effectuer, des postes à établir, des détachements à fournir, etc. ; l'usage s'en étend encore au personnel des officiers, aux détails de l'artillerie, du génie et des différents services, aux relations avec les pays occupés par l'armée ; enfin ils comprennent les ordres qu'il n'est pas nécessaire de faire connaître aux troupes.

Transmission des ordres.

Art. 33. — Les chefs d'état-major n'expédient l'ordre général qu'après en avoir fait approuver la minute par le général. Ils l'adressent : celui de l'armée aux généraux commandant les ailes, le centre, la réserve ou les corps d'armée ; celui d'un corps d'armée, aux généraux commandant les divisions ; celui d'une division aux généraux de brigade, qui l'envoient aux colonels des régiments sous leurs ordres.

Chaque chef d'état-major transmet, en outre, l'ordre aux commandants de la cavalerie, de l'artillerie, du génie, de la gendarmerie, aux chefs des corps ou détachements isolés et aux chefs des différents services.

La transmission des ordres doit être faite en suivant la voie hiérarchique sans omettre aucun intermédiaire, excepté dans quelques cas particuliers et pressants, comme, par exemple, lorsqu'un régiment dont le mouvement doit être hâté se trouve plus à portée du général de division que du général de brigade.

L'officier qui ordonne est alors tenu d'informer l'autorité intermédiaire; et celui qui reçoit l'ordre en rend compte sans retard à son chef immédiat.

Les ordres pour les corps de troupe sont toujours adressés au chef de cette troupe; s'il est absent, ils sont remis à l'officier qui le supplée ou le remplace; celui-ci prend sur-le-champ les mesures nécessaires pour leur exécution.

Officiers en mission.

Art. 34. — Lorsqu'un officier général ou autre a une mission particulière à donner, un ordre verbal ou un ordre important cacheté à transmettre, il emploie des officiers qui méritent toute confiance et qu'il puisse initier au contenu des dépêches.

L'officier qui envoie un ordre verbal le fait répéter par celui qui est chargé de le transmettre.

Les ordres importants doivent être portés par plusieurs officiers, suivant des chemins différents; autant que possible, ils doivent être écrits.

Un officier envoyé en mission dans un pays occupé par des postes ennemis doit être accompagné par deux cavaliers au moins, choisis parmi les hommes bien montés. Il évite les villes et les villages, préfère aux grandes routes les chemins de traverse, se repose le moins possible, et seulement dans les lieux écartés. Dans les chemins qui lui paraissent dangereux, il se fait précéder par un des cavaliers. Il doit toujours être prêt à déchirer ses dépêches et à les faire disparaître; il se prépare à faire des réponses adroites aux questions que l'ennemi peut lui adresser sur l'objet de sa mission ou sur la situation de l'armée, et ne se laisse intimider par aucune menace.

Lorsqu'un officier en mission est blessé ou malade, il s'adresse au commandant des troupes les plus proches, et lui transmet son ordre ou sa dépêche ; celui-ci en donne reçu et désigne immédiatement un autre officier pour remplir la mission.

Le commandant de la troupe de cavalerie la plus voisine est tenu de fournir un bon cheval à l'officier chargé d'une mission, si l'état de sa monture ne lui permet pas de l'accomplir en temps utile.

A défaut de cavalerie, cette obligation s'étend à tout commandant de troupes pourvues de chevaux (artillerie, trains, etc.).

Du service d'ordonnance.

Art. 35. — Le service d'ordonnance est fait par les estafettes et les plantons des quartiers généraux, ou par les escortes.

Le porteur d'un ordre écrit reçoit de l'expéditeur un billet qu'il doit lui rapporter. Ce billet indique le lieu et l'heure du départ, ainsi que l'allure à employer ; le destinataire le signe après y avoir inscrit le lieu et l'heure de la réception et de la mise en route pour le retour.

TITRE III.

Du mot d'ordre.

Définition du mot.

Art. 36. — Le *mot* est l'ensemble de deux noms qui varient chaque jour et qui, chaque jour aussi, sont communiqués aux avant-postes, patrouilles, rondes, reconnaissances, découvertes, postes et détachements, comme moyen de se reconnaître entre eux et d'éviter les surprises.

Le premier de ces deux noms, qu'on appelle le *mot d'ordre*, doit être le nom d'un grand homme, d'un général célèbre ou d'un brave mort au champ d'honneur; le second, qui est appelé *mot de ralliement*, doit présenter le nom d'une bataille, d'une ville ou d'une vertu civile ou guerrière.

Le commandant de l'armée arrête une série de mots d'ordre et de ralliement, ou, s'il le juge convenable, forme le *mot* chaque jour. Le chef d'état-major général adresse le mot ou la série, sous pli cacheté, aux commandants des corps d'armée et, s'il y a lieu, à ceux des ailes, du centre et de la réserve, qui le transmettent de même aux commandants de division, ceux-ci aux commandants de brigade, ces derniers aux colonels. Les commandants des fractions constituées ou des détachements chargés de la protection d'une troupe, soit en marche, soit en station, reçoivent le mot du commandant de cette troupe, autant que possible avant leur départ. Ils le communiquent en temps opportun aux chefs des groupes ou postes détachés.

Les chefs d'état-major envoient aussi le *mot* aux commandants de la cavalerie, de l'artillerie, du génie, de la gendarmerie, à l'intendant ou sous-intendant militaire, aux chefs des différents services et aux chefs des corps et détachements isolés.

Le chef d'état-major général envoie également le mot ou la série aux commandants des places ou des forts qui se trouvent dans la zone d'opérations de l'armée.

Lorsque le *mot* n'est pas transmis en temps opportun au commandant des avant-postes, cet officier doit donner lui-même un mot d'ordre et un mot de ralliement, de manière que toutes les fractions détachées en aient connaissance avant la tombée de la nuit.

La même obligation incombe au commandant d'une place forte et d'un fort pendant qu'il se trouve dans la zone d'opérations de l'armée.

Comment le mot est donné dans les régiments.

Art. 37. — Dans les régiments, l'officier supérieur de jour est chargé de communiquer le mot aux sous-officiers de service et aux chefs des postes intérieurs ; le mot est donné autant que possible à la garde montante : la garde de police fournit le nombre d'hommes nécessaire pour former le cercle extérieur. L'officier supérieur de jour profite de cette réunion pour faire les recommandations qu'il croit convenables relativement au service des rondes, des patrouilles et des sentinelles. Si le mot n'a pu être donné à la garde montante, l'adjudant-major de jour l'envoie aux postes, en temps utile, par un officier de service ou par un adjudant ; il le donne aussi aux officiers de service, aux adjudants-majors et aux adjudants qui ont besoin de le connaître pour l'accomplissement d'un service.

Perte du mot d'ordre.

Art. 38. — Une instruction relative à l'interversion des mots d'ordre et de ralliement de la série est donnée par le chef d'état-major général, pour le cas où cette série serait perdue ou tombée aux mains de l'ennemi. Dans ce double cas, l'officier général ou commandant qui change le mot rend compte sur-le-champ ; il prévient en outre les commandants des troupes ou postes voisins et le commandant des avant-postes.

Quand le mot d'ordre se perd aux avant-postes ou quand une désertion donne à craindre qu'il ne soit livré à l'ennemi, le commandant des avant-postes s'empresse d'en donner un autre ; il avertit sur-le-champ les corps voisins et le général dont il dépend.

TITRE IV.

Des cantonnements, des bivouacs et des camps.

CHAPITRE Ier.

Définitions.

Art. 39. — On entend par *cantonnement* les lieux habités que les troupes occupent sans y être casernées;

Par *bivouacs*, les lieux où les troupes s'établissent, pour un séjour généralement très court, sous des abris improvisés ou en plein air et, dans certains cas, sous la petite tente;

Enfin, par *camps*, les lieux choisis et préparés à l'avance, dans un but déterminé, où les troupes doivent faire un séjour de quelque durée sous de grandes tentes ou dans des baraques.

On appelle *campement* la réunion des individus chargés de reconnaître et de préparer un cantonnement ou un bivouac.

CHAPITRE II.

Du campement.

Composition du campement.

Art. 40. — Le campement d'un régiment d'infanterie se compose d'un adjudant-major, d'un adjudant par bataillon et, par compagnie, d'un fourrier, d'un caporal et de deux soldats.

Celui d'un régiment de cavalerie ou d'un

groupe de batteries se compose d'un officier, d'un adjudant et, par escadron ou batterie, d'un fourrier, d'un brigadier et de deux soldats.

Le campement de chacun des services de la division ou du corps d'armée comprend un seul officier ou sous-officier, assisté d'un ou de plusieurs soldats.

Si une division doit être concentrée au cantonnement ou au bivouac, un officier du service d'état-major est chargé de conduire le campement ; il en a le commandement.

Le campement d'une brigade qui doit être concentrée dans les mêmes conditions est commandé par le plus ancien officier.

Lorsqu'un bataillon doit cantonner ou bivouaquer séparément, le campement est placé sous les ordres de l'adjudant-major ou d'un officier désigné par le commandant.

S'il s'agit d'une compagnie, d'un escadron ou d'une batterie, un officier ou l'adjudant est désigné pour commander le campement.

Les campements des quartiers généraux d'armée, de corps d'armée et de division, ceux des troupes et des services qui en dépendent, sont sous les ordres des commandants de ces quartiers généraux.

Réunion du campement.

Art. 41. — Le campement est réuni et se met en route aux heures indiquées par le commandant de la colonne, qui tient compte des lieux et des circonstances ; en pays hostile ou à proximité de l'ennemi, il marche et opère sous la protection de l'avant-garde.

Les équipages et les chevaux de main ne peuvent, sous aucun prétexte, marcher avec le campement.

CHAPITRE III.

Des cantonnements.

Dispositions générales.

Art. 42. — L'établissement des troupes au cantonnement doit être aussi fréquent que possible.

Pour cantonner, on peut utiliser toute la superficie couverte ; toutefois, les habitants ne sont jamais délogés de la chambre et du lit où ils ont l'habitude de coucher.

Lorsque l'armée est couverte à grande distance, les cantonnements peuvent être étendus, de façon à assurer aux hommes des abris convenables; dans le voisinage de l'ennemi, et quand il est nécessaire de se concentrer, les cantonnements sont plus resserrés.

Répartition des cantonnements.

Art. 43. — Le commandant de l'armée, en prescrivant à chaque corps d'armée la direction à suivre ou la région à occuper, lui assigne ses cantonnements d'une manière générale.

Le commandant du corps d'armée désigne les localités que doivent occuper chacune des divisions, la brigade de cavalerie, si elle marche avec le corps d'armée, le bataillon de chasseurs à pied, la réserve du génie, l'artillerie de corps, les sections de munitions, les parcs, l'équipage de ponts, et les divers services.

Le général commandant la division répartit les

cantonnements qui lui sont attribués, entre les brigades, l'artillerie et les divers services de la division.

Le général de brigade assigne à chacun des régiments sous ses ordres les emplacements qu'il doit occuper.

Préparation du cantonnement.

Art. 44. — En arrivant dans la localité où on doit cantonner, le campement se rend directement à la mairie. L'officier qui le commande fait convoquer les représentants de l'autorité municipale; il consulte, en attendant leur arrivée, les plans détaillés de la commune; il prend ou fait prendre par ses subordonnés tous les renseignements qui peuvent être utiles. En territoire national, il indique au maire l'effectif, par corps, des officiers, des hommes de troupe et des chevaux à cantonner; il fait, de concert avec lui, une répartition rapide de la commune entre les divers corps; il choisit les maisons à affecter aux quartiers généraux, s'il doit y en avoir dans la localité; il indique au commandant du campement de chaque corps ou service le quartier qui lui est assigné, et fait mettre à sa disposition un agent de la municipalité pour lui donner les indications nécessaires.

Le commandant du campement de chaque corps ou service, après une exploration rapide du quartier qui lui est assigné, fixe l'emplacement de la garde de police au centre, et autant que possible dans la maison commune; il divise le quartier, en tenant compte des indications fournies par l'agent municipal, en parties proportionnelles à l'effectif en hommes et en chevaux des compagnies, escadrons ou batteries qui doivent y cantonner.

Les fourriers reconnaissent les maisons dans les parties qui leur sont assignées, et inscrivent lisiblement à la craie, sur la porte d'entrée, le nombre d'hommes et de chevaux que la maison doit abriter, ainsi que l'indication de la fraction à laquelle ils appartiennent. Les noms et les grades des officiers sont inscrits sur les portes des logements qui leur sont affectés.

Les états-majors des corps, les officiers de tous grades sont logés, autant que possible, au centre des cantonnements occupés par leurs troupes.

On utilise surtout, pour cantonner les troupes et notamment les troupes à cheval, les auberges, granges, fabriques, fermes, châteaux pourvus de grandes écuries ; on s'efforce de les y établir par fractions constituées, pour faciliter la surveillance du service et la rapidité des réunions.

Le fonctionnaire de l'intendance reconnaît, dès son arrivée, les emplacements à affecter aux services administratifs, et les propose pour cette destination au commandant du campement ; il reconnaît aussi les ressources de la localité en fours à pain, en moyens de transport, en denrées de toute nature ; il prend des mesures pour conserver tout ce qui peut être utile à l'armée et pour en préparer au besoin la réquisition.

Le chef du campement du service de santé reconnaît les locaux qui peuvent être affectés aux ambulances, tels que : hôpitaux, couvents, halles, maisons d'école, édifices publics, etc. ; il les propose pour cette destination au commandant du campement.

Dans chaque localité, le commandant du campement reconnaît ou fait reconnaître les abreuvoirs, les endroits où les hommes prendront l'eau et ceux où ils devront laver leur linge ; si quelques travaux sont nécessaires, il les fait exécuter par les hommes qu'il a à sa disposition ou par les habitants.

Au besoin, il fait placer des sentinelles près des cours d'eau, aux puits et aux fontaines.

En pays ennemi, le commandant du campement opère de la même manière ; si l'autorité municipale est récalcitrante, il prend toutes les mesures nécessaires pour assurer le bien-être et le prompt établissement des troupes. Si les soldats doivent être nourris par les habitants, il en prévient l'autorité locale, et lui fait connaître les ordres du général qui déterminent la nature et la quantité des aliments à fournir à chaque homme, en tenant compte des habitudes de la population et des ressources du pays.

Lorsque toutes ces dispositions sont prises, le commandant de chaque campement dirige les adjudants et les fourriers sur les points les plus favorables pour conduire les troupes dans leurs quartiers, et le commandant du campement se porte de sa personne à la rencontre du commandant de la colonne pour lui rendre compte.

Quand une troupe en relève une autre dans un cantonnement, le commandant du campement de la troupe qui arrive reçoit du commandant de la troupe qui part, ou d'un officier que celui-ci laisse en arrière, tous les renseignements utiles.

Installation au cantonnement.

Art. 45. — Les troupes sont arrêtées à l'entrée du cantonnement, et sous aucun prétexte, personne ne doit y pénétrer avant le retour du commandant du campement.

Le commandant des troupes donne ses ordres généraux et le signal de l'installation ; les corps sont dirigés sur les quartiers qui leur sont assignés, et les compagnies, escadrons ou batteries, guidés par leurs fourriers, s'établissent dans leurs cantonnements. Le drapeau ou l'étendard est porté au logis du colonel.

Afin de faciliter la réunion des troupes, les soldats occupent de préférence les rez-de-chaussée des maisons ; chacun d'eux a droit à l'abri, au feu et à la lumière. En outre, il est nourri par l'habitant lorsque le commandement l'a prescrit.

Les gardes de police vont directement prendre possession des postes reconnus pour elles ; si elles ont des prisonniers à garder, elles les enferment dans les maisons qu'elles occupent ou dans des maisons voisines.

Les ambulances s'établissent dans les locaux qui leur sont assignés, et arborent leurs drapeaux de manière à les mettre bien en évidence ; elles placent de même leurs lanternes pour la nuit.

Les quartiers généraux, placés au centre des cantonnements des troupes, sur les grandes voies de communication ou sur des places, sont indiqués par leurs fanions de commandement, et la nuit par leurs lanternes.

Chaque cantonnement est commandé par le chef de la troupe qui l'occupe. Dans une localité où sont établies des troupes de divers régiments ou de diverses armes, l'officier le plus élevé en grade, ou le plus ancien dans le grade le plus élevé, prend le commandement. Dans ce cas, aussitôt après l'installation, chaque corps envoie, suivant l'importance de son effectif, un officier ou un sous-officier qui se met à la disposition du commandant du cantonnement, et qui va toujours prendre ses ordres aussitôt que le signal d'alerte est donné.

CHAPITRE IV.

Bivouacs.

Formations diverses pour le bivouac.

Art. 46. — La disposition des bivouacs étant subordonnée à la forme du terrain, à la dimension des espaces libres sur lesquels on peut les établir, et surtout aux exigences tactiques du moment, il est nécessaire que les troupes puissent bivouaquer soit en colonne, soit en ligne.

Un régiment d'infanterie peut se former, pour le bivouac : en colonne, en ligne de bataillons en colonne double, ou en ligne déployée ;

Un régiment de cavalerie : en colonne d'escadrons ou en bataille ;

Un groupe de batteries : par batterie, en colonne ou en bataille.

Bivouac d'un bataillon d'infanterie en colonne.

Art. 47. — Pour bivouaquer, le bataillon d'infanterie se forme en colonne double.

Le chef de bataillon fait prendre d'abord entre

les sections de chaque compagnie une double distance de masse (9 mètres, ou 12 pas), et entre les compagnies de tête et celles de queue une distance de 20 mètres (27 pas).

Il fait ensuite former les faisceaux, et les compagnies déboîtent par le flanc : celles de droite à droite, celles de gauche à gauche ; chacune d'elles se porte à 6 mètres (8 pas) en dehors des faisceaux et fait front.

Si la troupe est pourvue de tentes et si l'ordre a été donné de les dresser, elles sont établies par groupes de 6 hommes, sur une longueur égale au double front de section, dans le prolongement de la ligne des faisceaux, leur grande dimension perpendiculaire à cette ligne, et séparées par 1 mètre d'intervalle (1 pas et demi).

Dans chaque section, les sous-officiers bivouaquent à l'extrémité extérieure de la ligne de tentes de leur section.

Les officiers de chaque compagnie bivouaquent derrière le centre de leur dernière section, sur une ligne tracée à 15 pas de la dernière rangée de faisceaux.

L'adjudant, le sergent-major et le fourrier de chaque compagnie, derrière les sous-officiers de la compagnie et sur la même ligne que les officiers.

Les feux pour les cuisines sont établis à 15 mètres (20 pas) des flancs de la colonne.

Le chef de bataillon, l'adjudant-major et le médecin bivouaquent sur une même ligne, derrière le demi-bataillon de droite, à 10 mètres (13 pas) en arrière des officiers de la 1re compagnie, l'adjudant-major à la droite du commandant, le médecin à la gauche.

L'adjudant de bataillon bivouaque sur la mêm ligne, en arrière des officiers de la 4ᵉ compagnie.

La garde de police, sur l'alignement et à l gauche de l'adjudant, ses faisceaux à 3 mètres (4 pas) en avant de ses tentes ou abris.

Les voitures et les animaux de trait ou de bât sont placés à 10 mètres en arrière de la garde de police ; les officiers montés ont leurs chevaux près d'eux.

La cantine est placée sur l'alignement des cuisines, à l'extrémité gauche de la ligne des officiers des 2ᵉ et 3ᵉ compagnies.

Bivouac d'un régiment d'infanterie en ligne de bataillons en colonne double.

Art. 48. — Si un régiment doit bivouaquer en ligne de bataillons en colonne double, le colonel, après avoir formé les bataillons en colonne double, les porte sur la ligne déterminée, en leur faisant prendre les intervalles nécessaires, et chacun d'eux établit son bivouac en colonne, comme s'il était isolé. Il doit y avoir, autant que possible, 20 mètres (27 pas) d'intervalle entre les lignes des cuisines des bataillons voisins.

Le drapeau est placé près de la tente ou de l'abri du colonel.

L'état-major du régiment, la garde de police, la musique, les sapeurs ouvriers d'art et les équipages régimentaires sont placés au 2ᵉ bataillon, savoir :

Le colonel, le lieutenant-colonel et le médecin-major de 1ʳᵉ classe, derrière les compagnies de droite, à 10 mètres (13 pas) de la ligne occupée par l'état-major du bataillon ; le porte-drapeau,

— 64 —

Bivouac d'un bataillon en colonne double.

(Avec l'état-major du régiment.)

Bivouac d'un bataillon en ligne.

(Avec l'état-major du régiment.)

Labels on diagram: 8ᵐ, 6, 8ᵐ, 6, 8ᵐ, 6, 8ᵐ, 6, 8ᵐ — 16, 15, 15, 6 — 22, 15 — 16, 19

Faisceaux — Cuisines — Officiers de Compagnie

Cantine — Garde de police — Adjudant — Musique — Équipages — M⁽ᵈ⁾ Major — Médecin — M⁽ʳ⁾ Major de 1ʳᵉ Classe — État Major du Bataillon — Chef de Bat⁽ⁿ⁾ — Ad⁽ᵗ⁾ Major — Colonel — Lieut⁽ᵗ⁾ Colonel — Chef de Musique — Off⁽ʳ⁾ payeur — Porte drapeau — Off⁽ʳˢ⁾ d'appar⁽ᵗ⁾

l'officier payeur, l'officier d'approvisionnement, l'officier d'armement et le chef de musique, à 10 mètres (13 pas) en arrière d'eux ;

La garde de police, à la gauche de l'adjudant, comme dans un bataillon isolé ;

Le tambour-major, les sapeurs ouvriers d'art, les musiciens et le sous-chef de musique, sur la même ligne que l'état-major du régiment, derrière les compagnies de gauche ; chacun des caporaux-tambours ou clairons bivouaque avec la 1re compagnie de son bataillon ;

Les équipages régimentaires et le vaguemestre, à 10 mètres (13 pas) en arrière de la musique ; le vaguemestre, qui a la surveillance des équipages et des conducteurs, bivouaque à leur gauche.

L'armurier, ses ouvriers et sa forge, ainsi que l'aide-maréchal ferrant, sont placés près des équipages, quand il n'est pas possible de les établir dans une maison.

Les équipages régimentaires sont établis, au besoin, sur deux lignes.

Bivouac d'un régiment d'infanterie en colonne.

Art. 49. — Si un régiment d'infanterie doit bivouaquer en colonne, le colonel, après avoir fait ployer chacun de ses bataillons en colonne double, les forme en une seule colonne ; il fait prendre entre les bataillons, les compagnies et les sections les distances nécessaires, en observant de laisser une distance de 20 mètres (27 pas) entre la 1re ligne de faisceaux d'un bataillon et la dernière ligne de tentes du bataillon qui précède.

Chaque bataillon s'établit comme il est expliqué à l'article 48.

Le drapeau, l'état-major du régiment, la garde de police, la musique et les sapeurs ouvriers d'art sont placés au bataillon de tête, de la manière indiquée à l'article 48. La distance de 20 mètres indiquée ci-dessus entre les bataillons est comptée entre la deuxième ligne des tentes des officiers de l'état-major et la première ligne des faisceaux du 2º bataillon.

Les équipages régimentaires et le vaguemestre sont établis derrière les compagnies de gauche du bataillon de queue, à 10 mètres (13 pas) en arrière de la ligne occupée par l'état-major de ce bataillon.

Bivouac d'un bataillon déployé.

Art. 50. — Le bataillon étant déployé, le commandant fait former les faisceaux et porter la ligne à 6 mètres (8 pas) en arrière. Les tentes sont dressées sur cet emplacement, par groupes de 6 hommes sur deux lignes, les escouades paires en seconde ligne, le grand côté des tentes perpendiculaire au front de bandière.

Les deux sous-officiers de chaque section sont placés à la droite de leur section ; l'adjudant, le sergent-major et les fourriers de chaque compagnie, à la gauche de la compagnie, au 1er rang.

Les feux des cuisines sont établis à 15 mètres (20 pas) en arrière de la seconde ligne de tentes des compagnies ; la cantine occupe l'extrême gauche de la ligne des cuisines.

Les officiers des compagnies bivouaquent sur une même ligne, à 20 mètres (27 pas) en arrière des cuisines, derrière leur compagnie.

Le chef de bataillon, l'adjudant-major, le médecin et l'adjudant de bataillon, à 10 mètres (13 pas) en arrière de la ligne des officiers : les deux premiers derrière la 2ᵉ compagnie, le médecin derrière la 3ᵉ, l'adjudant derrière la 4ᵉ.

La garde de police est placée à la gauche de l'adjudant et sur la même ligne.

Les voitures régimentaires, les animaux de trait et de bât et leurs conducteurs sont à 10 mètres (13 pas) en arrière de la garde de police.

Les officiers montés ont leurs chevaux près d'eux.

Bivouac d'un régiment d'infanterie déployé.

Art. 51. — Le régiment étant déployé sur la ligne déterminée, les bataillons s'établissent comme il est expliqué à l'article 50.

Le drapeau est placé auprès de la tente ou de l'abri du colonel.

L'état-major du régiment, la garde de police, la musique, les sapeurs ouvriers d'art et les équipages régimentaires sont placés au 2ᵉ bataillon, à 10 mètres (13 pas) en arrière de l'état-major du bataillon : le colonel et le lieutenant-colonel, derrière la 2ᵉ compagnie ; le médecin-major de 1ʳᵉ classe, derrière la 3ᵉ ; le porte-drapeau, l'officier payeur, l'officier d'approvisionnement, l'officier d'armement et le chef de musique, derrière la 1ʳᵉ ; les voitures régimentaires, les animaux de trait et de bât, à l'extrémité de la ligne, derrière la 4ᵉ compagnie, sous la surveillance du vaguemestre, qui bivouaque à leur gauche avec les conducteurs.

La garde de police, à la gauche de l'adjudant; le sous-chef de musique, les musiciens et le tambour-major, à sa droite.

Bivouac d'une compagnie d'infanterie isolée.

Art. 52. — Une compagnie d'infanterie isolée peut bivouaquer, soit déployée, soit en colonne de compagnie, en se conformant à ce qui a été prescrit pour un bataillon.

Lorsqu'elle est en colonne de compagnie, les demi-sections déboîtent à droite et à gauche jusqu'à 6 mètres en dehors des faisceaux.

L'infanterie bivouaque surtout en ligne de bataillons en colonne double.

Art. 53. — Toutes les fois que les circonstances et le terrain le permettent, le bivouac d'infanterie en *ligne de bataillons en colonne double* doit être préféré à tout autre, parce que les troupes y sont en formation de combat, et que leur concentration facilite la surveillance, ainsi que la transmission des ordres.

Bivouac d'un régiment de cavalerie en colonne d'escadrons.

Art. 54. — Le régiment étant formé en colonne d'escadrons, à demi-distance (30 mètres ou 40 pas) le colonel fait porter les premiers rangs à 15 mètres (20 pas) en avant, les cavaliers prenant de l'aisance dans les rangs afin de réserver les places nécessaires pour les chevaux des officiers, des serre-files et des trompettes. Il fait ensuite mettre pied à terre. Dans chaque rang de quatre, un homme tient les chevaux ; les autres cavaliers déposent leurs armes ; les fusils et les sabres sont disposés en faisceaux à 5 mètres (6 pas 1/2) en arrière de chaque rang de chevaux; les coiffures sont suspendues aux faisceaux ; les cuirasses sont posées à terre, les plastrons en avant.

Les piquets sont aussitôt plantés et les chevaux attachés ; ceux du capitaine commandant sont placés à la droite du 1er rang ; ceux du capitaine en second à la gauche du 2e ; ceux des officiers de peloton à la droite du 1er rang de leur peloton ; ceux des serre-files et des trompettes, au 2e rang de leurs pelotons respectifs.

Lorsque les chevaux sont débridés et dessellés, les brides sont suspendues aux faisceaux, et les selles sont placées en avant des faisceaux.

Les cuisines et les feux sont établis sur un double rang, à 20 mètres (27 pas) sur la gauche de chaque escadron ; les hommes se construisent des abris autour des feux, s'il est possible.

Les fourrages sont placés à 10 mètres (13 pas) sur la droite et sur le prolongement de chaque rang de chevaux.

La garde de police et les cantines sont sur une même ligne à 10 mètres (13 pas) de celle des fourrages, la garde de police à la hauteur du 1er rang de chevaux du 3e escadron, les cantines de manière à être en dehors des rues qui séparent les escadrons.

Les feux et les abris des officiers des escadrons sont sur une seule ligne à 10 mètres (13 pas) en arrière de la ligne de la garde de police et des cantines ; ceux des officiers de l'état-major sur une autre ligne, à 10 mètres (13 pas) plus en arrière, le colonel au centre avec l'étendard auprès de lui, le lieutenant-colonel à sa droite, les chefs d'escadrons à hauteur de leurs escadrons respectifs, les autres officiers de l'état-major à la droite de la ligne, les médecins et les vétérinaires à la gauche. L'infirmerie, les équipages régimentaires, les forges et leurs chevaux s'établissent sur une seule ligne, à 20 mètres (27 pas) en arrière du 2ᵉ rang du dernier escadron, sous la surveillance du vaguemestre, qui bivouaque à gauche avec les conducteurs.

Les officiers de l'état-major ont leurs chevaux à côté d'eux.

Bivouac d'un régiment de cavalerie en bataille.

Art. 55. — Le régiment étant en bataille, le colonel fait augmenter les intervalles entre les escadrons, afin que les chevaux des officiers, des serre-files et des trompettes puissent être placés comme il a été indiqué au bivouac en colonne. Il fait ensuite porter le 1ᵉʳ rang à 15 mètres (20 pas) en avant, mettre pied à terre, former les faisceaux, planter les piquets et attacher les chevaux.

Les cuisines, les feux et les abris de la troupe sont établis à 20 mètres (27 pas) en avant du 1ᵉʳ rang des chevaux ; les fourrages sur une ligne à 10 mètres (13 pas) en arrière des faisceaux du 2ᵉ rang ; la garde de police et les cantines à 10 mètres (13 pas) plus en arrière, la garde de police à hauteur de la droite du 3ᵉ escadron, les cantines placées l'une derrière la gauche du 1ᵉʳ escadron et l'autre derrière la droite du 4ᵉ.

Les officiers des escadrons s'établissent sur une ligne à 10 mètres de la ligne de la garde de police et des cantines, derrière la troupe qu'ils commandent. Les officiers de l'état-major du régiment s'établissent sur une autre ligne à 10 mètres en arrière : le colonel derrière le centre du régiment, avec l'étendard près de lui ; le lieutenant-colonel à sa droite ; les chefs d'escadrons,

Bivouac d'un régiment de cavalerie en colonne.

Bivouac d'un régiment de cavalerie en bataille.

derrière leurs escadrons respectifs ; les autres officiers de l'état-major à la droite de la ligne ; les médecins et les vétérinaires à la gauche. L'infirmerie, les équipages régimentaires, les forges et leurs chevaux sont placés sur la même ligne à l'extrême gauche, sous la surveillance du vaguemestre, qui bivouaque à gauche vers les conducteurs.

Les officiers de l'état-major ont leurs chevaux à côté d'eux.

Bivouac d'une batterie montée.

Art. 56. — Le commandant de la batterie fait former le parc sur 4 lignes. La 1re ligne, composée des pièces, est arrêtée sur le front de bandière ; la 2e est composée des caissons de 1re ligne ; la 3e des caissons de 2e ligne, de la forge, du chariot de batterie et du chariot-fourragère ; la 4e, des fourgons de vivres et à bagages.

La distance entre les lignes est de 3 mètres, du derrière des voitures à la tête des chevaux de devant ; l'intervalle entre les files de voitures est de 3 mètres.

Les cordes d'attache des chevaux sont tendues à 15 mètres des côtés et du derrière du parc ; l'extrémité des cordes des sections de droite et de gauche, sur l'alignement du front de bandière ; le milieu de la corde de la section du centre, sur le prolongement de l'axe du parc.

Si la troupe est pourvue de tentes et si l'ordre a été donné de les dresser, elles sont établies pour 6 hommes, à 2 mètres d'intervalle et à 15 mètres des cordes à chevaux, le grand côté perpendiculaire aux cordes ; la première tente des sections de droite et de gauche est alignée sur le front de bandière.

Les armes sont disposées en faisceaux, à 5 mètres en arrière de chaque rangée de chevaux; les revolvers, les coiffures sont suspendus aux armes, ainsi que les brides. Les selles et les harnais sont placés sur l'alignement des armes.

Les fourrages sont réunis dans chaque section, sur le prolongement des cordes à chevaux et à 10 mètres de leur extrémité.

Les cuisines et les feux sont établis sur une seule ligne, à 15 mètres en dehors des tentes, du côté opposé au vent. Les hommes se construisent des abris autour des feux, s'il est possible.

La forge est placée près de la ligne des feux, sous le vent du bivouac.

Les officiers ont leurs tentes à 20 mètres en arrière des tentes de la section du centre ou de la ligne des cuisines, si les cuisines sont derrière la section du centre; leurs chevaux sont à côté d'eux.

Les sous-officiers des 1re et 3e sections occupent la 1re tente de leur section, sur le front de bandière ; ceux de la 2e section occupent la tente de droite de leur section ; le maréchal des logis chef et les fourriers, la dernière tente de la section de droite ; l'adjudant, la tente de gauche de la section du centre ; le poste de police, la dernière tente de la section de gauche.

Bivouac d'une batterie à cheval.

Art. 57. — Le bivouac d'une batterie à cheval s'établit d'une manière analogue ; le nombre des chevaux étant plus considérable, les dimensions du bivouac en profondeur sont augmentées ; les cordes de la section du centre sont tendues à 20 mètres du derrière du parc ; l'intervalle des tentes est augmenté.

En général, la ligne des tentes doit avoir la même longueur que la ligne des chevaux correspondante, afin que les conducteurs couchent toujours derrière leurs chevaux. L'espacement des tentes est réglé en conséquence.

Bivouac d'un groupe de batteries.

Art. 58. — Lorsque plusieurs batteries sont réunies, elles bivouaquent en bataille ou en colonne, chaque batterie s'établissant comme il a été dit en l'article 56.

Les batteries laissent entre elles, suivant les cas, un intervalle ou une distance de 25 mètres.

Dans le bivouac en bataille, le commandant des batteries et les officiers de son état-major s'établissent à 20 mètres en arrière des officiers d'une des batteries du centre.

Dans le bivouac en colonne, ces officiers s'établissent à 20 mètres en arrière des officiers de la batterie de tête, laquelle est séparée de la suivante par une distance de 45 mètres.

Dans l'un et l'autre cas, leurs chevaux sont près de leurs tentes, et leurs équipages sont réunis à la gauche de leur ligne.

Bivouac d'une section de munitions.

Art. 59. — Les sections de munitions bivouaquent suivant les mêmes règles que les batteries d'artillerie. Le parc est formé sur trois ou quatre lignes, dont la longueur et la composition varient suivant le nombre et l'espèce des voitures qui composent la section, et suivant la forme du terrain.

Bivouac d'une batterie d'artillerie montée.

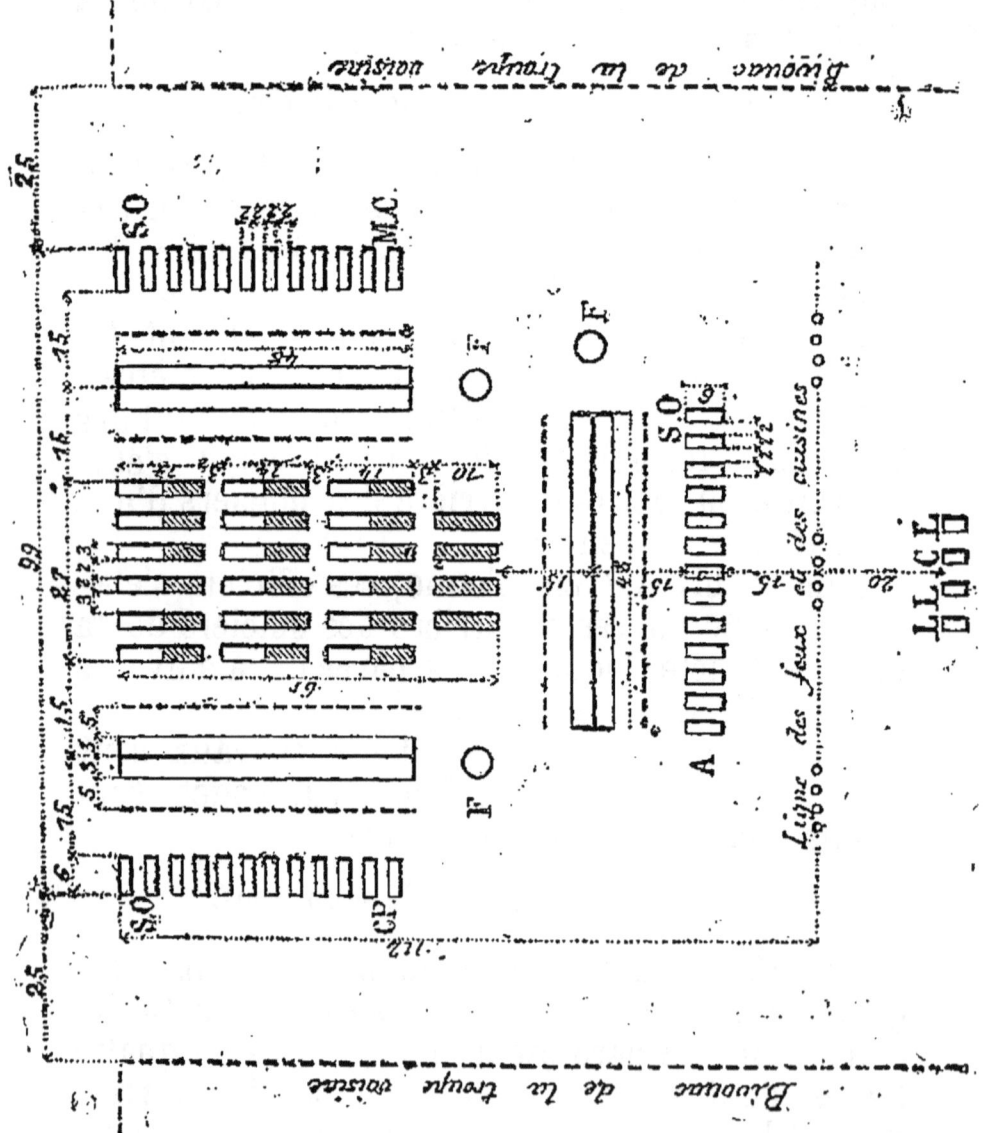

Les voitures chargées de munitions (caissons et affûts de rechange) sont placées aux premières lignes, les voitures de vivres et la forge en dernière ligne.

Les cordes sont tendues à 15 mètres des côtés du parc ; les tentes sont à 15 mètres des cordes.

Bivouac d'un parc de corps d'armée.

Art. 60. — L'emplacement d'un parc est toujours choisi de manière à rendre faciles les mouvements et la surveillance du matériel, les communications avec l'armée et la ligne d'opérations, ainsi que les travaux journaliers de réparations.

Les voitures sont groupées par section sur l'emplacement du parc proprement dit. Elles sont formées sur plusieurs lignes, suivant la configuration et l'étendue du terrain. Les diverses sections sont séparées par des rues.

Des emplacements sont désignés pour les ateliers des ouvriers en bois et en fer ; les forges y sont conduites pendant le jour ; un emplacement est également désigné, s'il y a lieu, pour l'atelier des artificiers. S'il existe des hangars ou des granges dans le voisinage du parc, on y installe de préférence les ateliers. Les forges et l'atelier des artificiers sont toujours placés du côté opposé au vent.

Les troupes attachées au parc établissent leur bivouac à proximité par fractions constituées ; les ouvriers et les artificiers, près des emplacements désignés pour les ateliers.

Le front de bandière du bivouac de chaque troupe est tourné vers le parc.

Les détachements de troupes à pied disposent

leurs tentes comme il est prescrit pour une compagnie d'infanterie.

Les sections de munitions ou de parc tendent leurs cordes sur deux ou quatre lignes perpendiculaires au front de bandière, les tentes sur des lignes parallèles aux cordes et en même nombre, le bivouac fermé de deux côtés par une ligne de tentes, les feux du côté opposé au parc.

Les tentes des sous-officiers se placent à l'extrémité des lignes de tentes de la troupe, sur le front de bandière ; celles des comptables à l'extrémité opposée, les tentes des officiers en arrière des feux.

La garde du parc est assurée par un poste de police dont l'emplacement est fixé par le directeur du parc. Chacun des corps pourvoit à la garde de son bivouac, soit par un petit poste de police, soit par une sentinelle tirée du poste général.

Bivouac d'un parc des équipages militaires.

Art. 61. — Les indications qui précèdent s'appliquent d'un manière générale aux parcs des équipages militaires, et suffisent pour déterminer la manière dont ils devront s'établir au bivouac.

Répartition des bivouacs.

Art. 62. — En principe, les troupes ne doivent bivouaquer, que lorsqu'on est dans l'obligation de les concentrer sur des positions où il est impossible de les cantonner ; ou lorsque, l'armée étant à proximité de l'ennemi, elles doivent occuper des positions défensives, ou s'établir, pour un temps généralement très court, en des lieux favorables pour l'attaque des lignes ennemies.

Dans ces divers cas, le commandant de l'armée indique d'une manière générale aux commandants des corps d'armée les positions à occuper, et ceux-ci désignent les emplacements de leurs troupes et de leurs services.

Choix et préparation du bivouac.

Art. 63. — Autant que possible, les bivouacs sont établis sur des terrains secs, abrités, et à portée des ressources en eau, en bois et en fourrages.

Arrivé au lieu désigné pour l'établissement des troupes au bivouac, le commandant du campement reconnaît rapidement le terrain, et indique à chaque chef de campement l'emplacement que doit occuper le corps qu'il représente, les endroits où les hommes doivent prendre l'eau, laver leur linge, abreuver les chevaux, et au besoin faire leurs provisions de bois.

Le chef de chaque campement de corps explore rapidement l'emplacement qui lui est attribué ; il fait faire, par les hommes du campement ou par les habitants, les travaux qui lui paraissent nécessaires pour rendre les abreuvoirs praticables ; il fait indiquer, au besoin, les puits et les fontaines par des jalons faciles à distinguer, et y fait placer des factionnaires.

Suivant que la troupe doit bivouaquer en colonne ou en ligne, il fait jalonner les lignes sur lesquelles doivent être placées les têtes de colonne ou les ailes des bataillons, escadrons ou batteries.

Le fonctionnaire de l'intendance explore rapidement les environs des bivouacs ; il prend ou provoque, s'il y a lieu, les mesures nécessaires

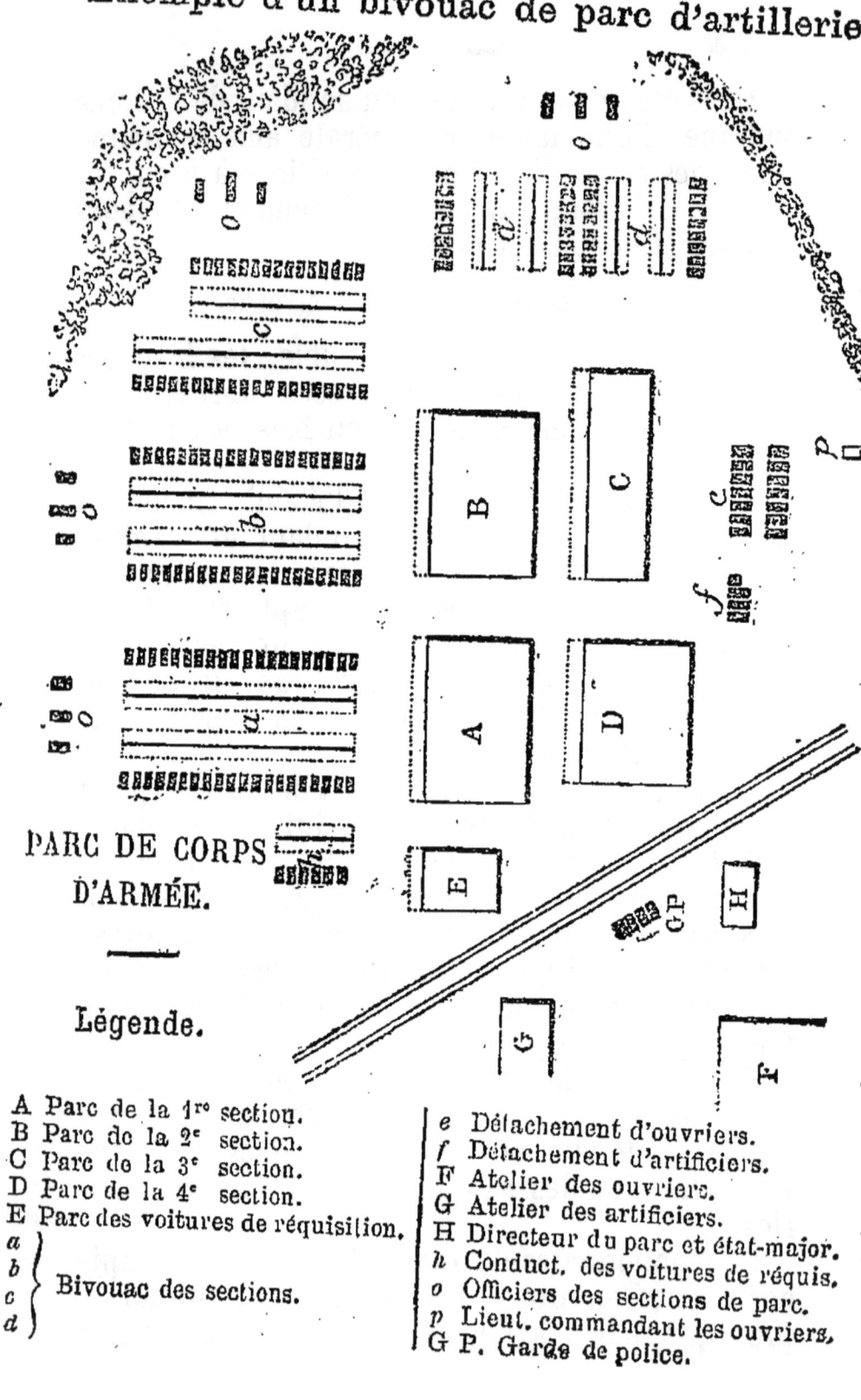

pour disposer, par voie d'achat ou de réquisition, du bétail, des récoltes sur pied, des réserves de denrées de toute nature qui peuvent être utiles à l'armée.

Le chef du campement de l'ambulance recherche dans le voisinage le plus immédiat des troupes, et autant que possible sur un point central, facile à désigner et à découvrir, une maison ou ferme pour abriter l'ambulance ; il la propose pour cette destination au commandant du campement.

Lorsque les emplacements des divers corps ont été désignés, le commandant du campement détermine, sur la route suivie, les points où les diverses unités peuvent quitter la colonne pour gagner leurs bivouacs ; il les fait connaître au commandant de la colonne.

Toutes ces dispositions étant prises, il envoie les adjudants-majors sur les points les plus favorables pour attendre les troupes, et se porte à la rencontre du commandant de la colonne pour lui rendre compte.

Installation au bivouac.

Art. 64. — Les troupes sont arrêtées au point désigné, et, sous aucun prétexte, personne ne doit quitter les rangs avant le retour du commandant du campement. Le commandant des troupes donne ses ordres généraux et le signal de l'installation ; les corps, guidés par les chefs de leur campement, se dirigent vers les emplacements qui leur sont assignés, et établissent leurs bivouacs.

Les chefs de corps font immédiatement placer les factionnaires réglementaires, et remplacer par des hommes de service les sentinelles provisoires qui ont été placées pour la conservation des eaux, des récoltes ou des approvisionnements. Ils prennent toutes les mesures nécessaires pour maintenir l'ordre et assurer la propreté dans les bivouacs.

L'ambulance s'établit dans le local qui lui est assigné, et arbore son drapeau distinctif; elle place également sa lanterne pour la nuit.

Les quartiers généraux s'installent, autant que possible, au centre et à proximité des troupes, dans le voisinage des grandes communications. Ils sont indiqués, le jour par les fanions de commandement, la nuit par des lanternes, comme il a été dit à l'article 45.

Les officiers doivent bivouaquer avec leurs troupes; nul ne peut s'établir dans les maisons qui sont à proximité du bivouac, lors même qu'elles sont vides, à moins d'une autorisation expresse du commandant du bivouac.

Les troupes étant généralement concentrées, pour bivouaquer, les bivouacs sont habituellement commandés par les chefs de corps, les généraux de brigade et de division; mais dans un bivouac isolé, où sont établies momentanément des troupes de divers régiments ou de diverses armes, l'officier le plus élevé en grade, ou le plus ancien dans le grade le plus élevé, prend le commandement. Dans ce cas, aussitôt après l'installation, chaque corps envoie, suivant l'importance de son effectif, un officier ou un sous-officier qui se met à la disposition du commandant du bivouac, et qui va toujours prendre ses ordres aussitôt que le signal d'alerte est donné.

CHAPITRE V.

Mesures à prendre pour l'ordre et la sécurité dans les cantonnements et dans les bivouacs.

Dispositions générales.

Art. 65. — Si les troupes sont cantonnées, le commandant de la colonne, aussitôt qu'il a reconnu les lieux et le terrain, désigne une place d'armes pour les réunions générales en cas d'alerte.

Elle est choisie de manière à présenter des issues commodes dans toutes les directions.

Pour la cavalerie, elle doit être en dehors du cantonnement, et généralement du côté opposé à l'ennemi.

Aussitôt après l'arrivée, les chefs de corps reconnaissent cette place d'armes et désignent, dans leurs quartiers respectifs, des points de concentration qui sont reconnus par tous leurs officiers.

Chaque commandant de compagnie ou d'escadron indique également, vers le centre du cantonnement de sa troupe, un point de ralliement que tous les hommes doivent connaître, afin de pouvoir s'y rendre isolément au premier signal, même de nuit.

C'est sur ces points que doivent être faites les réunions pour les départs, les appels, les parades, les revues et les exercices.

Les batteries d'artillerie se réunissent à l'endroit où sont parquées leurs pièces.

Si les troupes sont cantonnées ou bivouaquées à proximité de l'ennemi, le commandant désigne les positions que chaque brigade ou chaque corps doit occuper en cas d'alerte. Les généraux et les chefs de corps reconnaissent ces positions dès leur arrivée, afin de pouvoir y établir leurs troupes, même la nuit, s'il était nécessaire.

Pendant l'installation, le commandant de la colonne parcourt les cantonnements ou les bivouacs et leurs abords ; il apprécie si les avant-postes sont placés de manière à assurer une bonne protection.

Si l'on est à peu de distance de l'ennemi, il ordonne, suivant les lieux et les circonstances, l'établissement de tranchées et de batteries, fait mettre rapidement en état de défense les fermes et les villages qui peuvent servir de point d'appui ; il prescrit de rétablir les ponts coupés et de prendre des mesures pour détruire au premier ordre les communications qui peuvent être utiles à l'ennemi ; il fait reconnaître et préparer des débouchés en avant, en arrière et à l'intérieur des cantonnements et bivouacs ; il détermine les limites qui, en dehors du service, ne doivent être franchies sous aucun prétexte.

En pays ennemi, il prend des otages, s'il le juge utile ; il interdit aux habitants, sous peine d'exécution militaire, de dépasser les avant-postes, et exige qu'ils restent chez eux à partir de l'heure fixée ; il défend de sonner les cloches, et prend enfin toutes les mesures qui lui paraissent utiles pour assurer l'ordre, la régularité du service, épargner des fatigues à ses troupes et accroître leur sécurité.

Les chefs de corps, les officiers de tous grades, s'occupent avec sollicitude du prompt établissement des soldats dans leurs cantonnements ou bivouacs.

Ils veillent à ce que les troupes soient toujours en état de prendre les armes, de monter à cheval et d'atteler les pièces et les voitures au *premier signal* ; les chevaux ne sont conduits à l'abreuvoir que par fractions successives.

Toutes les opérations relatives à l'installation des cantonnements et des bivouacs se font sous la protection de troupes qui dépassent les cantonnements ou les emplacements des bivouacs et s'établissent en avant-postes.

CHAPITRE VI.

Des camps.

Dispositions générales.

Art. 66. — Les troupes ne sont campées que dans des cas particuliers ; par exemple lorsqu'il s'agit d'occuper une position fortifiée, d'assiéger ou d'investir une place forte, sans qu'il soit possible de cantonner.

Le choix de l'emplacement d'un camp, sa forme, son installation, dépendent du but qu'on se propose et de sa durée présumée. Le général en chef donne l'ordre de l'établir sur un point déterminé, et toutes les opérations de reconnaissance et d'établissement sont faites par des officiers, sous la protection et avec l'aide des troupes destinées à l'occuper.

TITRE V.

Service dans les cantonnements et les bivouacs.

CHAPITRE Ier.

Bases du service.

Dispositions générales.

Art. 67. — Les règles ordinaires sur le service intérieur des troupes sont observées en tout ce qui n'est pas contraire aux dispositions prescrites par le présent règlement.

Les rapports sur les événements de quelque importance sont transmis immédiatement par tout subordonné à son chef direct.

Les rapports à faire au général de brigade par les chefs de corps et les officiers détachés sont déterminés par ce général.

Service de jour.

Art. 68. — Dans tous les grades, le service de semaine est remplacé par le service de jour.

Les gardes, les détachements et les travailleurs sont toujours fournis par fractions constituées.

Il est commandé tous les jours dans chaque régiment d'infanterie une compagnie, et dans chaque régiment de cavalerie un demi-escadron, pour fournir la garde de police, les autres gardes intérieures et le piquet.

Le capitaine de la compagnie de jour dans l'infanterie, du demi-escadron de jour dans la cavalerie, est chargé des distributions; il est secondé dans ce service par ceux de ses officiers qui restent disponibles et, si cela est nécessaire, par les officiers de jour des autres compagnies ou escadrons.

A défaut de capitaine dans la compagnie ou le demi-escadron, le plus ancien des officiers de jour fait fonctions de capitaine chargé des distributions.

Dans un bataillon formant corps ou détaché, le service de jour est fourni par un peloton pris à tour de rôle dans les compagnies; l'officier qui le commande est chargé des distributions.

Aucun officier de jour ne peut s'absenter des cantonnements ou du bivouac, à moins d'en avoir obtenu la permission et de s'être fait remplacer.

Fixation des heures de service.

Art. 69. — Le commandant d'un cantonnement ou d'un bivouac fixe les heures du réveil, des rapports, des appels, de la garde, de la soupe, des distributions, des corvées de propreté, de la retraite, etc., à moins que ces heures n'aient déjà été fixées par un ordre général.

Le même pouvoir est attribué à tout commandant de corps, de poste, de détachement isolé ou proche de l'ennemi.

Il n'est jamais fait de batterie ni de sonnerie dans le voisinage de l'ennemi; quand son éloignement le permet, le signal du réveil et celui de la retraite sont donnés par le tambour, le clairon ou le trompette de service chez le commandant du cantonnement ou du bivouac. Ces signaux sont répétés par les gardes de police.

La corvée de propreté est surveillée : au cantonnement, dans chaque quartier de compagnie, d'escadron ou de batterie par l'officier de jour; au bivouac, par le commandant de la garde de police.

A l'heure de la garde montante, la fraction qui prend le service de jour se rassemble en armes dans le cantonnement, au point qui lui a été indiqué; au bivouac, elle se rassemble sur le front de bandière.

Les hommes de piquet laissent leurs tentes ou abris dressés. La troupe est inspectée par l'officier supérieur de jour, dont l'attention se porte particulièrement sur les armes, les munitions et les vivres de réserve; elle défile devant lui; puis, les gardes vont occuper leurs postes, et le piquet rentre dans son cantonnement ou dans son bivouac.

Il est fait habituellement trois appels par jour : le premier une demi-heure après le réveil, le deuxième dans la journée, et le troisième une demi-heure après la retraite; ils sont faits par les caporaux ou les brigadiers, sous la surveillance des sous-officiers.

L'appel du soir et l'appel du matin ont lieu : au cantonnement, devant le logement de l'escouade; au bivouac, devant les tentes ou les abris; les officiers de jour sont présents.

Tous les officiers assistent à l'appel de la journée; les tentes ou abris restent dressés.

Pour les troupes à pied, cet appel se fait en armes, sac au dos : au lieu de ralliement de la compagnie dans les cantonnements; sur l'emplacement des faisceaux dans les bivouacs. Les capitaines font ouvrir les rangs et passent l'inspection ; ils examinent avec soin les armes, les munitions, les vivres et la chaussure.

Dans les troupes à cheval, l'appel de la journée est fait avant le pansage ; les officiers de peloton visitent les armes, l'équipement, le harnachement, la ferrure et examinent l'état des chevaux.

Si des armes ont besoin d'être réparées, un état est remis : dans les troupes à pied, par les capitaines à leur chef de bataillon ; dans les troupes à cheval, par les officiers à leur commandant d'escadron ; cet état est transmis au colonel.

Les appels sont reçus à la garde de police par l'adjudant-major de jour, à qui les officiers de jour les rendent verbalement ou par écrit, suivant les ordres donnés.

Le service du lendemain est commandé par l'adjudant-major à l'appel de la journée.

Après l'appel du soir, les hommes ne doivent plus quitter leurs logements ou leurs bivouacs sans permission.

Surveillance à exercer dans les cantonnements.

Art. 70. — Dans les cantonnements, les officiers et les sous-officiers doivent redoubler de surveillance pour assurer l'entretien des effets et des armes, la propreté corporelle, les soins à donner aux chevaux et au harnachement, la conservation des munitions et des vivres de réserve. Ils passent fréquemment dans les logements, visitent les écuries, s'assurent que les hommes sont pourvus de tout ce que l'habitant doit leur fournir, répriment sévèrement toute exigence illégitime, s'attachent à maintenir la bonne intelligence entre les soldats et leurs hôtes, prennent note des réclamations qui leur paraissent fondées, y font droit ou en rendent compte.

Au cantonnement comme au bivouac, le paquetage doit être fait tous les soirs, prêt à être complété et chargé rapidement ; les selles et les harnais doivent être disposés de manière à être mis promptement sur les chevaux. Les officiers et les sous-officiers tiennent la main à l'observation de cette prescription essentielle.

Formation des ordinaires.

Art. 71. — Les ordinaires sont gérés par compagnie, escadron ou batterie ; la préparation des aliments est faite dans chaque escouade sous la surveillance du caporal ou du brigadier.

Lorsqu'il est défendu d'aller à l'eau isolément, les sous-officiers de jour réunissent les cuisiniers de leur compagnie et les y font conduire en ordre.

Place des officiers supérieurs en cas de fractionnement.

Art. 72. — Quand le régiment est divisé, le colonel réside près de la fraction que le général juge avoir le plus d'importance par sa force, par sa position ou par la nature des opérations qui lui sont confiées.

A moins qu'il n'en soit ordonné autrement, le lieutenant-colonel réside près de la fraction la plus nombreuse après celle où se trouve le colonel.

Les chefs de bataillon restent avec la partie de leur bataillon où leur présence est le plus nécessaire ; les chefs d'escadrons avec celui des escadrons ou celle des batteries sous leurs ordres que leur désigne le colonel.

Major, officier d'armement et d'habillement.

Art. 73. — Les fonctions de major, en ce qui concerne la tenue des contrôles, la surveillance de l'établissement des actes de l'état-civil, de la comptabilité en deniers et en matières, sont remplies par un capitaine désigné à cet effet et qui conserve les attributions de son grade.

Un officier est en même temps chargé de l'armement et de l'habillement.

Indépendamment de la réparation des armes, le maître armurier est chargé de celle des ustensiles de cuisine.

Conservation des armes, des munitions et des vivres de réserve.

Art. 74. — La conservation des armes, des munitions et des vivres de réserve doit être l'objet de l'attention continuelle des officiers et des sous-officiers. Dans les troupes à cheval, ils s'assurent, en outre, que le harnachement et la ferrure sont bien entretenus.

Les cartouches des hommes allant aux hôpitaux sont données à ceux qui en manquent ou réparties dans la compagnie.

Demandes de munitions.

Art. 75. — Les munitions sont livrées aux corps par le commandant de l'artillerie, sur des états de demande approuvés par le général de brigade. En cas d'urgence, elles sont délivrées par tout commandant de section de munitions ou de parc, sur des bons provisoires signés par le chef de bataillon ; pendant le combat, elles le sont sur un bon signé par le chef de toute troupe engagée, quel que soit le corps auquel elle appartient.

Punitions.

Art. 76. — Les arrêts sont gardés dans les limites du cantonnement ou du bivouac de la compagnie, de l'escadron ou de la batterie ; toutefois l'officier puni prend ses repas avec ses commensaux habituels.

Le poste de discipline remplace les salles de discipline du corps ; on n'y consigne que les hommes punis pour fautes de simple discipline et qui, dans le cas d'une attaque, peuvent être renvoyés à la fraction constituée dont ils font partie.

Les militaires susceptibles d'être jugés par un conseil de guerre sont remis à la gendarmerie pour être conduits à la prison du quartier général.

Instruction.

Art. 77. — Lorsque les troupes restent plusieurs jours dans les cantonnements ou les bivouacs, les chefs de corps ou de détachement exercent leur troupe en vue de la guerre.

Les exercices à feu et le tir à la cible n'ont lieu qu'avec l'autorisation du général commandant le corps d'armée.

L'école des tambours et clairons et celle des trompettes ne commencent jamais par la générale, ni par la marche du régiment ou la sonnerie à cheval. L'heure de l'école est indiquée par le commandant du cantonnement ou du bivouac.

CHAPITRE II.

Garde de police et piquet.

Composition de la garde de police.

Art. 78. — La garde de police d'un régiment d'infanterie est composée d'une section de la compagnie de jour ; elle est commandée par le chef de cette section ; celle d'un bataillon formant corps ou détachée est composée d'une demi-section commandée par un sous-officier ; celle d'une compagnie isolée, d'une escouade commandée par un caporal.

La garde de police d'un régiment de cavalerie se compose généralement d'un peloton ; elle peut être d'un effectif moindre, mais elle est toujours commandée par un officier ; celle d'un escadron isolé est composée d'une escouade commandée par un brigadier.

Dans l'artillerie, chaque batterie et chaque section de munitions fournit sa garde de police, qui est commandée par un maréchal des logis ou par un brigadier.

Il y a toujours à la garde de police un tambour, clairon ou trompette.

Le service des gardes de police consiste à assurer l'ordre dans les cantonnements et les bivouacs, et à faire observer les règles de police.

Les gardes de police sont surveillées : dans un régiment, bataillon ou groupe de batteries, par l'officier supérieur et par l'adjudant-major de jour ; dans une compagnie, escadron ou batterie, par l'officier de jour.

Au bivouac, les gardes de police des troupes à pied dressent leurs abris et font leurs feux sur les emplacements désignés; celles de la cavalerie s'établissent au poste avec leurs chevaux qui restent sellés. Elles peuvent construire des abris et faire des feux.

Dans les cantonnements, les chevaux restent dans les écuries, et les cavaliers sont envoyés successivement pour les panser.

Poste de discipline.

Art. 79. — Dans les bivouacs, un poste de discipline, chargé de surveiller les hommes punis, est détaché de la garde de police; il est placé, autant que possible, à environ 100 mètres en avant du front; il peut faire des feux.

Dans les cantonnements, il n'est pas détaché de poste de discipline ; les hommes punis sont surveillés directement par la garde de police.

Gardes d'écurie.

Art. 80. — Au bivouac, il est commandé dans chaque escadron ou batterie un brigadier pour surveiller les gardes d'écurie pendant la nuit ; son service commence à la retraite et finit au déjeuner des chevaux. Les gardes d'écurie sont commandés en nombre suffisant pour se relever de deux heures en deux heures.

Dans l'infanterie, le chef de corps règle le service de surveillance des chevaux; l'officier d'approvisionnement est chargé de ce service en même temps que de celui des équipages régimentaires.

Au cantonnement, les chevaux sont surveillés

directement par leurs cavaliers ; il n'est organisé de garde que pour les écuries contenant plus de douze chevaux.

Devoirs de l'officier supérieur de jour.

Art. 81. — L'officier supérieur de jour de chaque régiment est chargé de diriger l'ensemble du service intérieur dans le cantonnement ou dans le bivouac. Il se trouve à la garde montante, où il donne le mot aux chefs des gardes intérieures ; il prescrit les patrouilles et les rondes qui lui paraissent nécessaires, et les fait faire par les officiers et les sous-officiers de la fraction de jour ; il s'assure souvent par lui-même, surtout pendant la nuit, de la vigilance des gardes ; il interroge, s'il y a lieu, les individus suspects arrêtés dans les limites du cantonnement ou du bivouac, et prend les mesures nécessaires pour empêcher les hommes de troupe de franchir ces limites sans autorisation.

Il a sous ses ordres la fraction et tous les officiers de jour.

Devoirs de l'adjudant-major de jour.

Art. 82. — L'adjudant-major de jour commande le service ; il est responsable de l'ordre et de la propreté dans le cantonnement ou le bivouac ; il est secondé par les officiers de jour et par ceux de la fraction de jour.

Il a sous ses ordres la garde de police ; il y fait faire les batteries ou sonneries nécessaires, et si elles sont interdites, les signaux qui les remplacent. Il se trouve à la garde montante ; il transmet les ordres et reçoit les appels ; il dresse et porte au colonel le billet général d'appel du soir ; il en fait rendre compte verbalement par l'adjudant de jour au lieutenant-colonel et à l'officier supérieur de jour ; il transmet à ce dernier le rapport écrit et, s'il y a lieu, les comptes rendus verbaux du commandant de la garde de police ; il veille aux exercices et aux travaux des hommes punis et fait fréquemment la visite des postes.

S'il n'y a pas de gendarmerie au cantonnement, il fait surveiller particulièrement les cafés, les auberges et autres lieux publics dans les quartiers occupés par le régiment.

Dans les corps dont l'organisation ne comporte pas d'adjudant-major, toutes les fonctions attribuées par le présent règlement à l'adjudant-major de jour sont exercées par le capitaine de jour.

Devoirs de la garde de police ; sentinelles, leurs consignes.

Art. 83. — Le commandant de la garde de police se conforme aux ordres de l'adjudant-major de jour pour le maintien de l'ordre et de la propreté, pour les batteries, sonneries ou signaux.

Il fait faire, aussi souvent qu'il le juge nécessaire, des rondes et des patrouilles par les sous-officiers de la garde de police, et visite fréquemment les sentinelles. Au bivouac, il fait surveiller les cantines ; à l'appel du soir il les fait évacuer, et à moins d'ordre contraire, exige que les feux des cuisines soient éteints. Les hommes trouvés dans les cantines après l'appel du soir sont, ainsi que les cantiniers, conduits au poste ; ces derniers sont sévèrement punis.

Il interroge les individus suspects arrêtés par les sentinelles, et les envoie, s'il y a lieu, à l'adjudant-major de jour.

Au réveil et à la retraite, il fait prendre les armes à la garde de police et au poste de discipline, en fait faire l'appel et examine la tenue, les armes et les munitions; après son inspection du matin, il établit son rapport sur les deux postes et l'envoie à l'adjudant-major de jour.

La garde de police et le poste de discipline rendent les mêmes honneurs que les autres gardes.

Au cantonnement, la garde de police d'un régiment d'infanterie fournit généralement cinq sentinelles :
Une chez le colonel,
Une devant les armes,
Une aux caissons de munitions,
Une aux équipages régimentaires,
Une pour les hommes punis, s'ils ne sont pas dans le même local que le poste.

Elle fournit, de plus, les sentinelles nécessaires au maintien de l'ordre, à la garde des eaux et à la protection des établissements publics qui n'ont pas de poste spécial.

Au bivouac, la garde de police d'un régiment d'infanterie fournit dix sentinelles, savoir :

En ligne déployée et en ligne de bataillons en colonne :

Une chez le colonel,
Une devant les armes,
Trois sur le front de bandière,

Trois en arrière, dont une aux équipages et une aux caissons de munitions,
Une sur chaque flanc;

En colonne:

Une chez le colonel,
Une devant les armes,
Une en tête,
Une en queue,
Trois sur chaque flanc, dont une aux équipages et une aux caissons de munitions.

Dans un bataillon isolé, il est fourni cinq sentinelles : une devant les armes et une sur chaque face.

La garde de police d'un régiment de cavalerie fournit quatre sentinelles, savoir :
Une chez le colonel,
Une devant les armes,
Une aux équipages,
Une en avant des abris et des feux de la troupe.

Les gardes de police des bivouacs d'artillerie fournissent les sentinelles nécessaires pour assurer la garde du bivouac et du parc.

Quand plusieurs batteries sont réunies, chaque batterie fournit à tour de rôle une sentinelle chez l'officier supérieur commandant le groupe.

Outre les consignes générales, les sentinelles de la garde de police ont pour consignes particulières :

Celle du colonel, de l'avertir de jour comme de nuit de tout mouvement extraordinaire, soit au dedans, soit au dehors du cantonnement ou du bivouac, et de ne laisser déplacer le drapeau ou l'étendard que par le porte-drapeau ou le porte-étendard, escorté de deux hommes armés ;

Celle des caissons, de garder exclusivement les munitions ;

Celle des équipages, de surveiller d'une façon particulière les voitures de vivres et d'effets.

Dans les bivouacs d'infanterie, la sentinelle placée devant les armes, indépendamment de sa mission spéciale, contribue à la surveillance des équipages et des munitions.

Les sentinelles placées sur le front, sur les flancs et en arrière veillent au maintien de l'ordre et de la police ; elles empêchent les sous-officiers et les soldats de sortir pendant la nuit, si ce n'est pour aller aux latrines ; elles arrêtent de jour les individus suspects qui rôdent autour du cantonnement ou du bivouac, et quiconque cherche à s'y introduire pendant la nuit, même les soldats des autres corps. Les individus arrêtés sont conduits au commandant de la garde de police.

Quand il y a lieu, des postes spéciaux veillent à ce que les soldats ne franchissent pas les limites indiquées autour des cantonnements et des bivouacs de première ligne. Ces postes sont sous la surveillance du commandant de la garde de police.

Dans les différentes gardes intérieures, un homme par escouade peut être chargé de la préparation des aliments ; les postes n'envoient pas aux distributions ; les denrées sont reçues et leur sont apportées par les fractions de piquet.

Service du poste de discipline.

Art. 84. — Le chef du poste de discipline est responsable envers le commandant de la garde de police de la surveillance des hommes punis ; il règle les corvées d'eau et, quand c'est nécessaire, celles de bois, de manière à n'avoir jamais plus de deux hommes absents. La soupe des hommes punis leur est apportée par les soins de leurs caporaux d'escouade.

La sentinelle placée devant les armes surveille les prisonniers et ne les perd pas de vue; elle ne les laisse aller aux latrines qu'individuellement et sous l'escorte d'un soldat en armes. Cette sentinelle est doublée pendant la nuit et toutes les fois que c'est nécessaire.

Le poste prend les armes au réveil et à la retraite, ainsi que pour l'appel qui précède l'inspection du commandant de la garde de police.

Cas de marche.

Art. 85. — Quand le régiment se met en marche, la garde de police et le poste de discipline prennent leur place dans la fraction constituée dont ils font partie.

Les hommes punis de salle de police sont renvoyés à leur compagnies, escadrons ou batteries.

Les hommes punis de prison marchent : dans les troupes à pied, sous la garde du poste de discipline; dans les troupes à cheval, avec les équipages, sous la surveillance du chef de détachement des hommes à pied. S'il y a des criminels qu'il n'ait pas été possible d'envoyer à la prison du quartier général, ils sont attachés et gardés particulièrement; un caporal ou brigadier marche derrière eux. En arrivant au cantonnement ou au bivouac, ces hommes sont remis à la nouvelle garde de police.

Du piquet.

Art 86. — La partie disponible de la fraction de service de jour prend le nom de *piquet* ; elle est destinée à fournir les détachements et les gardes qui peuvent être commandés extraordinairement.

Le piquet est sous l'autorité de l'officier supérieur de jour.

Il est interdit aux hommes de piquet de sortir de leur cantonnement ou bivouac, si ce n'est pour le service.

Le piquet fournit les soldats nécessaires à la réception et au transport des denrées destinées à la fraction de garde. Les officiers, sous-officiers et soldats de piquet sont toujours habillés et équipés ; les chevaux sont sellés, les sacs sont prêts à être chargés. S'il n'en est ordonné autrement, les piquets n'assistent ni aux exercices ni aux revues.

Hors le cas de détachement ou de garde à fournir, le piquet ne prend les armes que lorsque les généraux, le colonel, l'officier supérieur de jour ou le chef même du piquet veulent en passer l'inspection ; ceux-ci en font faire l'appel aussi souvent qu'ils le jugent nécessaire. Pour le rassembler, les officiers préviennent les sous-officiers, qui réunissent aussitôt leurs hommes et les conduisent sur l'emplacement désigné ; pendant le jour, si les batteries et sonneries sont autorisées, un tambour, clairon ou trompette de la fraction de piquet fait la batterie ou sonnerie : *au piquet*.

Les appels et les inspections du piquet ont lieu : dans l'infanterie, *sac au dos* ; dans la cavalerie, *à cheval* pendant la nuit, *à pied* pendant le jour, à moins d'ordre contraire.

A la retraite, l'officier qui commande le piquet le fait réunir et en fait faire l'appel. Les officiers, sous-officiers et soldats couchent dans leurs logements, tentes ou abris, mais sans se déshabiller.

On fait quelquefois bivouaquer sur un emplacement désigné le piquet d'une troupe de cavalerie qui est cantonnée.

TITRE VI.

De l'ordre à observer pour commander le service.

Ordre du service dans les fractions constituées.

Art 87. — L'ordre du service des divisions dans les corps d'armée, des brigades dans les divisions, des régiments dans les brigades, des bataillons dans les régiments, etc., est réglé selon leur rang dans l'ordre de bataille.

Tours de service.

Art. 88. — Il y a trois tours de service.

Le *premier tour* comprend :

1° En marche, les avant-gardes, les flanc-gardes, les arrière-gardes; en station, les avant-postes ;

2° Les autres postes extérieurs ;

3° Les détachements appelés à faire des travaux de guerre, tels que les ouvrages de campagne et les ouvertures de communications, exécutés par des troupes armées ;

4° Les détachements nécessaires à la protection de ces travaux, et en général tous les services dans lesquels les troupes commandées peuvent être appelées à combattre.

Le *deuxième tour* comprend :
1° Les gardes de police, celles des magasins, hôpitaux et autres établissements, les plantons et les ordonnances : services habituellement fournis par la fraction de jour ;
2° Les gardes d'honneur ;
3° Les travaux à exécuter sans armes ;
4° Les détachements qui assistent aux executions.

Le *troisième tour* comprend :
1° Les distributions ;
2° Les corvées extérieures et intérieures de toute nature, non armées.

La garde d'écurie forme un tour à part et compte avant les corvées.

Lorsqu'il y a lieu de former des détachements pour un service de longue durée, ils sont commandés par le chef d'état-major, suivant un tour spécial, d'après les règles posées au présent titre.

Ordre dans lequel le service est commandé.

Art. 89. — Les services du premier tour sont faits par fractions constituées, et commandés d'après l'ordre déterminé ci-dessus.

Toute fraction commandée pour le premier tour ne fournit aucun autre service ; elle fait seulement ses corvées particulières, et reprend les services du deuxième tour qui lui sont échus pendant le temps qu'elle était de service de premier tour, à moins qu'accidentellement ce service n'ait duré plus de trente heures.

Les services du deuxième tour se font par fractions constituées ; cependant, lorsque le nombre d'hommes est déterminé par celui des factionnaires à fournir ou par toute autre considération, si la fraction constituée est trop forte, on ne fait marcher que le nombre d'hommes nécessaire ; si elle est insuffisante, on la complète avec des hommes de la fraction qui suit.

Officier, sous-officier, caporal ou brigadier absent ou malade.

Art. 90. — Lorsqu'une garde ou un détachement doit être commandé par un officier, si celui qui commande la fraction de service est absent ou malade, il est remplacé par un autre officier de la compagnie, de l'escadron ou de la batterie. Il en est de même pour les sous-officiers et les caporaux ou brigadiers ; toutefois lorsqu'ils ne doivent pas être chefs de poste, ils peuvent être remplacés, les premiers par des caporaux ou brigadiers, les seconds par des soldats de 1re classe.

Service censé fait.

Art. 91. — Le service est censé fait: pour une garde ou un détachement à l'extérieur, lorsque les limites du cantonnement ou bivouac sont franchies ; pour une garde intérieure, lorsque cette garde est arrivée à son poste ; pour un travail ou une corvée dans l'intérieur du cantonnement ou du bivouac, lorsque le travail ou la corvée a commencé.

Quand un officier ou un homme de troupe se trouve par maladie dans l'impossibilité de faire le service pour lequel il est commandé, son tour est réputé passé ; il ne le reprend pas.

Service à pied dans la cavalerie.

Art. 92. — Dans chaque fraction constituée des troupes à cheval, les cavaliers démontés sont commandés de préférence pour le service à pied ; les cavaliers montés et dans le rang ne sont employés à ce service que dans le cas où les premiers ne se trouvent pas en nombre suffisant.

Tout brigadier ou cavalier commandé pour un service à pied dépose le harnachement dont il est détenteur et tous les effets qu'il ne porte pas, paquetés, soit sur la selle, soit dans le sac à distribution. Ce dépôt est effectué en présence du maréchal des logis de peloton qui confie le harnachement et les effets à un cavalier ; celui-ci en devient responsable. Le maréchal des logis veille à ce que, en cas d'alerte, les chevaux des cavaliers de service à pied soient conduits au lieu indiqué.

Capitaine commandant un bataillon, des escadrons ou un groupe de batteries.

Art. 93. — Un capitaine commandant un bataillon, des escadrons ou un groupe de batteries est exempt de tout autre service, tant que dure ce commandement.

TITRE VII.

Alimentation des troupes en campagne.

Dispositions générales.

Art. 94. — Les généraux, les officiers de tous grades, les fonctionnaires de l'intendance doivent s'occuper avec la plus grande sollicitude d'assurer l'alimentation des hommes et des chevaux.

Il importe de ménager autant que possible les vivres et fourrages de réserve que l'armée transporte avec elle. Dans ce but, on tire d'abord du pays, par voie d'achat ou de réquisition, toutes les ressources qu'il peut donner.

A défaut de magasins sur les points de concentration, les intendants, chacun dans la zone qui leur est assignée, proposent au général commandant les réquisitions nécessaires pour obtenir les denrées dont on aura besoin.

Dans chaque corps d'armée, une commission est chargée de liquider et de faire rembourser, si le général en donne l'ordre, les sommes dues pour les fournitures faites à l'armée.

Tarif des rations.

Art. 95. — Lorsqu'une armée doit entrer en campagne, le Ministre de la guerre détermine le tarif des rations qui devra lui être appliqué; il fixe le nombre et la composition des rations affectées à chaque grade.

Le général en chef peut apporter des modifications à ce tarif, et autoriser les substitutions que les ressources du pays rendent nécessaires. Il peut aussi ordonner des distributions extraordinaires, lorsque l'état de fatigue des troupes l'exige.

Alimentation des troupes pendant les transports stratégiques.

ART. 96. — Pendant les transports stratégiques, les troupes reçoivent des aliments dans les stations haltes-repas.

A leur départ, elles emportent les rations de pain, d'avoine et de foin nécessaires pour le trajet.

Alimentation des troupes pendant la période de concentration.

ART. 97. — Lorsque les points de concentration auront pu être prévus à l'avance, les troupes y trouveront soit des magasins sédentaires, soit des stations têtes d'étapes de guerre destinées à en tenir lieu.

Si l'on peut vivre sur le pays, on fait des distributions journalières, et on s'applique à conserver intacts les vivres du sac et du convoi régimentaire ; on les complète si cela est nécessaire.

Lorsqu'un corps d'armée est trop éloigné d'une station pouvant lui servir de tête d'étapes de guerre, il est desservi par un magasin tête d'étapes routières, lequel est relié à la voie ferrée par un service de transports auxiliaire.

Alimentation des troupes en opérations.

Art. 98. — Le service de l'alimentation des troupes en mouvement exige deux sortes d'opérations :

Le ravitaillement des convois ;

La distribution aux parties prenantes collectives ou isolées.

Un personnel spécial est affecté à ce service ; il comprend :

Les officiers d'administration du service des subsistances; et dans chaque corps ou groupe, un officier d'approvisionnement et des sous-officiers désignés pour l'aider.

Ravitaillement des convois.

Art. 99. — Les convois administratifs sont alimentés par les magasins de l'armée, par les réquisitions ou par les prises faites sur l'ennemi.

Les convois régimentaires sont ravitaillés par les convois administratifs, par les achats effectués ou par les réquisitions exercées par les officiers d'approvisionnement.

Lorsque le ravitaillement du convoi régimentaire est effectué par le convoi administratif, un ordre du commandement détermine le lieu et l'heure du ravitaillement de chacun des différents convois.

Examen des denrées.

Art. 100. — Chaque corps ou groupe est représenté au ravitaillement de son convoi régimentaire par son officier d'approvisionnement.

Si cet officier croit avoir à se plaindre du poids ou de la qualité des denrées, et qu'il ne puisse obtenir satisfaction, il est autorisé à suspendre l'opération et à faire les démarches nécessaires auprès des autorités locales, du sous-intendant, du chef d'état-major ou du général.

Il veille à ce que la viande ne soit pas distribuée quand elle est encore chaude. S'il est impossible de faire autrement, on accorde en compensation, autant que les ressources le permettent, une augmentation de poids.

Distributions aux compagnies, escadrons ou batteries.

Art. 101. — L'officier d'approvisionnement conduit son convoi aux points désignés pour les distributions. Il remet à chaque compagnie, escadron ou batterie le nombre de rations qui lui revient.

L'officier de jour préside à la distribution.

Lorsque les corps ont dû faire abattre eux-mêmes les bestiaux pour la distribution de viande, une corvée, prise dans la fraction de jour, est commandée pour enfouir les entrailles des animaux.

Distributions aux rationnaires.

Art. 102. — La distribution est faite dans les compagnies, escadrons ou batteries par les fourriers, sous la responsabilité du capitaine.

Cet officier s'assure que les hommes de service ou régulièrement absents reçoivent exactement les vivres auxquels ils ont droit.

En ce qui concerne les parties prenantes isolées, l'officier d'approvisionnement a les mêmes attributions que les commandants de compagnie, escadron ou batterie.

Les officiers généraux ou autres qui, par suite de leurs fonctions, sont momentanément éloignés de la fraction à laquelle ils appartiennent, perçoivent leurs vivres et leurs fourrages à la fraction près de laquelle ils se trouvent.

Les officiers généraux se font rendre compte chaque jour des heures auxquelles les corps ont reçu leurs distributions.

Présence d'un fonctionnaire de l'intendance et d'un officier du service d'état-major aux ravitaillements des convois régimentaires.

Art. 103. — Un officier du service d'état-major et un fonctionnaire de l'intendance assistent, autant que possible, aux ravitaillements des convois régimentaires.

Ils ont mission de s'assurer de la qualité des denrées, d'entendre les réclamations des corps et d'y faire droit s'il y a lieu.

Contributions en argent ou en nature.

Art. 104. — Les généraux ont autorité pour frapper de contributions *en nature* un pays ennemi occupé par leurs troupes; ils peuvent de même exercer des réquisitions sur le territoire français dans les conditions déterminées par la loi.

Le droit de faire des réquisitions en nature peut être délégué par les officiers généraux.

En pays ennemi, le *général en chef* a seul le droit d'ordonner des contributions *en argent*; dans aucun cas, une contribution en argent ne peut être imposée à un territoire français, allié ou neutre.

Recours aux réquisitions.

Art. 105. — Autant que possible, une armée en campagne doit vivre sur le pays.

Le général en chef assigne à chaque général commandant de corps d'armée la zone dans laquelle il peut exercer des réquisitions pour l'alimentation de ses troupes; celui-ci opère de même pour les divisions et corps non endivisionnés placés sous ses ordres.

Les ordres de réquisition sont adressés aux municipalités, ou à leur défaut aux notabilités locales. Si celles-ci défèrent aux ordres de réquisition, des corvées commandées par des officiers accompagnent les voitures pour procéder à l'enlèvement des denrées.

Dans le cas contraire, on fait visiter les maisons par des groupes d'hommes choisis, commandés par des officiers ou des sous-officiers. Les villages, les rues sont répartis entre les divers corps; au besoin on emploie les voitures des convois pour aller recueillir les denrées.

Des ordres sévères sont donnés pour que les saisies soient exactement bornées aux denrées alimentaires, aux fourrages et au bois de chauffage.

Des gardes armées sont chargées de contenir les soldats et les habitants.

Logement des officiers généraux.

Art. 106. — Les maisons où logent les officiers généraux sont exemptes de ces visites, mais les propriétaires ne sont pas dispensés de fournir leur quote-part dans les contributions générales.

Nourriture chez l'habitant.

Art. 107. — Le général en chef et les commandants de corps d'armée peuvent faire nourrir les hommes et les chevaux par les habitants, soit à charge de remboursement ultérieur, soit gratuitement si l'on est en pays ennemi.

Ils fixent le prix à rembourser par journée

d'homme et de cheval, la composition du régime et le tarif des rations.

Ils peuvent déléguer ces attributions aux commandants de corps ou de détachements opérant isolément.

Dispositions spéciales à la cavalerie.

Art. 108. — La cavalerie, surtout quand elle opère en avant des colonnes, doit, plus que toute autre troupe, vivre sur le pays.

Toutefois, chaque division de cavalerie, pour avoir une plus grande liberté de mouvements, peut être pourvue d'un convoi léger de réserve.

Quand une division de cavalerie rentre dans les lignes de l'armée, elle est ravitaillée par les mêmes procédés que les autres troupes ; elle reçoit, sur l'ordre du général en chef, à titre temporaire, un convoi administratif formé de voitures de réquisition.

Lorsqu'elle opère en dehors de l'armée, ce convoi est dissous.

Postes de correspondance et cavaliers isolés.

Art. 109. — Les postes de correspondance et les cavaliers isolés sont, autant que possible, nourris chez l'habitant.

A cet effet, ils reçoivent d'avance des ordres de réquisition et des reçus tirés d'un carnet à souches, signée par le chef du détachement dont ils font partie.

Prestations extraordinaires en pays conquis.

Art. 110. Les généraux en chef soumettent à l'approbation du Ministre de la guerre toutes les propositions relatives aux distributions extraordinaires et aux autres avantages à accorder aux troupes en cantonnement dans un pays conquis.

TITRE VIII.
Service des marches.

CHAPITRE Ier.
Organisation des colonnes.

Dispositions générales.

Art. 111. — L'objectif du mouvement, la nature du pays dans lequel il s'opère, les voies de communication dont on dispose, permettent de fixer l'ordre général de la marche, le nombre des colonnes, ainsi que les troupes à faire entrer dans la composition de chacune d'elles.

Afin de passer le plus rapidement possible de l'ordre de marche à l'ordre de combat, on doit constituer autant de colonnes que le permettent les lignes de marche. Ces colonnes ne doivent pas être trop faibles ; elles doivent pouvoir communiquer entre elles et se soutenir mutuellement.

Dans les instructions particulières qui lui sont données, tout commandant de colonne doit être informé de la force et de la direction des colonnes voisines.

Eléments constitutifs des colonnes.

Art. 112. — Les troupes, leurs trains de combat, les ambulances, les trains régimentaires, les convois, constituent les éléments généraux des colonnes.

Les troupes se divisent en *unités de marche* et en *unités de commandement*.

Les *unités de marche* sont :

Le bataillon, l'escadron, la batterie, la compagnie du génie.

Les *unités de commandement* comprennent :

Les régiments et les brigades d'infanterie et de cavalerie, l'artillerie divisionnaire, l'artillerie de corps, les sections de munitions d'infanterie et d'artillerie, l'équipage de pont, les divisions de cavalerie et d'infanterie, les corps d'armée, les armées.

Les approvisionnements en munitions et matériel nécessaires sur le champ de bataille forment les *trains de combat*.

Les *ambulances* comprennent le personnel et le matériel du service de santé.

Les *trains régimentaires* transportent des vivres, des effets de remplacement et les bagages des diverses unités qui font partie de la colonne.

Les *convois* transportent un complément d'approvisionnements de première ligne ; ils comprennent :

1° Les convois administratifs des subsistances et la réserve d'effets d'habillement ;

2° Le parc d'artillerie ;

3° Le dépôt de remonte mobile ;

4° Les hôpitaux mobiles et éventuellement les hôpitaux sédentaires de campagne.

Ordre de marche des éléments constitutifs des colonnes.

Art. 113. — Les unités de marche et de commandement sont suivies de leurs trains de combat.

Elles marchent dans l'ordre commandé par l'urgence de leur arrivée sur le champ de bataille.

Les ambulances, comme les trains de combat, suivent les unités auxquelles elles sont affectées; elles marchent avec ces trains. Seule l'ambulance du quartier général de corps d'armée marche en tête du train régimentaire du quartier général.

Des voitures des ambulances divisionnaires peuvent être mises à la disposition des régiments d'infanterie et des bataillons de chasseurs à pied pendant les périodes de marche : elles marchent à la suite de ces unités et cantonnent avec elles. Elles rentrent à l'ambulance pendant les séjours et toutes les fois qu'un combat est imminent.

Les trains régimentaires suivent à des distances variables, subordonnées aux circonstances, les unités auxquelles ils appartiennent.

Ils forment *une colonne distincte*, et peuvent, s'il est nécessaire, marcher sur des routes différentes de celles suivies par les troupes. Dans ce cas, une escorte spéciale peut leur être affectée.

Les convois constituent toujours des colonnes séparées. Suivant les circonstances, ils marchent à une demi-journée, une journée ou deux journées en arrière des trains régimentaires et des troupes. Le rang de marche des subdivisions dont ils se composent est réglé par l'ordre de mouvement.

Ils peuvent être accompagnés d'une escorte particulière.

Règles de marche à observer dans les colonnes.

Art. 114. — La marche s'exécute sur le côté droit de la route, en laissant le côté gauche libre pour la circulation.

L'infanterie marche généralement par le flanc à rangs doublés ; la cavalerie par quatre et au besoin par deux, les chevaux de main et les mulets de bât par deux, les voitures sur une file. Il n'est fait d'exception que pour les voitures des batteries et des trains de combat, qui peuvent marcher *sur deux files* lorsque la largeur de la route le permet.

Les unités de marche et les unités de commandement sont séparées par des distances suffisantes pour qu'elles puissent se mouvoir avec régularité et sans à-coup.

Alternance dans l'ordre de marche des diverses unités et de leurs trains régimentaires.

Art. 115. — Afin d'égaliser le plus possible le service et les fatigues, les unités de commandement, et dans celles-ci les unités de marche, alternent entre elles pour occuper successivement des places différentes dans la colonne.

Dans chaque corps d'armée les divisions, dans chaque division les brigades, dans chaque brigade les régiments, dans chaque régiment les bataillons ou escadrons, dans chaque bataillon les compagnies, dans chaque groupe d'artillerie les batteries, prennent à tour de rôle la tête de l'unité dont ils font partie.

Les trains régimentaires prennent *dans leur groupe* le même ordre que celui occupé dans la colonne par les unités auxquelles ils appartiennent.

Toutefois cette règle n'est pas absolue ; le commandant d'une colonne peut toujours, en raison des circonstances, y apporter les modifications qu'il juge nécessaires.

CHAPITRE II.

Protection des colonnes.

Règles générales.

Art. 116. — Une colonne en marche est toujours éclairée et gardée par des détachements prélevés dans les troupes qui la composent.

Ces détachements prennent les noms *d'avant-garde, de flanc-garde* ou *d'arrière-garde*, suivant qu'ils sont placés sur le front, les flancs ou en arrière de la colonne.

En dehors de ces détachements, les divisions de cavalerie opérant en avant de l'armée et les troupes de cette arme attachées aux corps d'armée éclairent au loin les colonnes.

Leur rôle consiste :

1º A explorer le pays en avant, *à prendre le contact de l'ennemi et à le conserver constamment*, à combattre et à refouler la cavalerie adverse pour se rapprocher des masses de l'ennemi, connaître leurs emplacements et leurs mouvements, et fournir au commandant en chef les renseignements généraux dont il a besoin pour diriger ses troupes et assurer le succès de ses opérations ;

2º A établir autour des troupes un service de sûreté de 1re ligne sous la protection duquel se meuvent ou stationnent les grands éléments de l'armée.

Ces deux missions importantes confiées à la cavalerie, constituent le *service d'exploration* et le *service de sûreté*.

Service général d'exploration.

Art. 117. — Aux armées, le service d'exploration incombe particulièrement *aux divisions de cavalerie*.

Tout en se conformant aux instructions qu'il a reçues, le général chargé de diriger le service d'exploration conserve sa liberté d'action, et adopte, pour accomplir sa mission, les procédés qu'il juge les meilleurs.

Devant toujours être en mesure de combattre, il évite de disséminer ses troupes sur un front étendu, et s'éclaire seulement au moyen de *reconnaissances d'officiers* et de groupes peu importants désignés sous le nom de *patrouilles de découverte*.

A une journée de marche environ en arrière des fractions chargées du service de découverte et à deux journées environ en avant de l'armée, la division de cavalerie marche sur une ou plusieurs colonnes, chaque colonne étant couverte par une avant-garde, des flanc-gardes et une arrière-garde.

Patrouilles et escadrons de découverte.

Art. 118. — Les *reconnaissances d'officiers* lancées, dès le début des opérations, dans la direction de l'ennemi, fournissent au commandant de la cavalerie les premiers renseignements sur les positions et les mouvements de l'adversaire.

Leur action est complétée par celle des *escadrons de découverte*, généralement au nombre de *deux* par division de cavalerie.

Chacun de ces deux escadrons se divise en deux fractions égales. L'une fournit les *patrouilles de découverte*, chacune forte de deux à huit hommes ; ces patrouilles battent l'estrade sur le front et les flancs de l'ennemi.

L'autre moitié de l'escadron constitue les *réserves des patrouilles*, qui, groupées par peloton ou par division, marchent à égale distance entre les patrouilles de découverte et le gros de la division.

Le rôle des patrouilles n'est pas de combattre, mais de prendre le contact de l'ennemi, de s'attacher sans relâche à son front et à ses flancs, de suivre ses mouvements et de saisir toute occasion de lui faire des prisonniers.

Si elles sont repoussées par des forces supérieures, elles se replient dans la direction des réserves, *mais sans jamais perdre le contact*.

Les réserves recueillent les patrouilles ; et si à leur tour elles sont pressées, elles se dérobent, *toujours en conservant le contact*, et avertissent le général commandant la division.

Aussitôt que les circonstances le permettent, les patrouilles de découverte et les réserves reprennent la marche en avant.

Indépendance relative des escadrons de découverte.

Art. 119. — Dès qu'il a pris le contact de l'ennemi, le service de découverte demeure en quelque sorte indépendant de la division.

Lors même que le général modifie la direction de sa division pour agir sur un des flancs de l'ennemi, il évite de rappeler les escadrons de découverte.

Ceux-ci continuent à n'avoir d'autre but que de conserver le contact de l'ennemi ; s'ils sont repoussés par des forces supérieures, ils se retirent dans la direction de l'armée et non dans celle que la division a prise, afin de laisser ignorer plus longtemps à l'ennemi les projets formés par le général.

Correspondance entre les divers échelons.

Art. 120. — Le commandant de la cavalerie se tient par tous les moyens possibles en communication avec le général en chef.

A défaut de télégraphe, on établit quelques *postes de correspondance*, pour transmettre rapidement au général en chef les renseignements fournis par les patrouilles de découverte.

Afin de ne pas diminuer les forces de la divisoin, le service de correspondance est habituellement confié aux brigades de cavalerie de corps.

Lorsque la division de cavalerie abandonne la direction qu'elle suivait, pour gagner le flanc de l'adversaire, le général qui la commande avise aussitôt de son mouvement les escadrons de découverte, la cavalerie de corps d'armée et le commandant de l'armée.

Service général de sûreté.

Art. 121. — Le service général d'exploration fournit au général en chef des renseignements sur le pays et des avis sur les mouvements de l'ennemi ; mais il ne peut garantir les colonnes contre les surprises, ni leur donner les indications nécessaires pour la sûreté de la marche et pour l'établissement des troupes dans les cantonnements ou bivouacs.

Le *service de sûreté* vient donc, en arrière du

service d'exploration, éclairer à petite distance et renseigner les colonnes. Il incombe plus spécialement aux brigades de corps d'armée.

Mission de la cavalerie employée au service de sûreté.

Art. 122. — La cavalerie chargée du service de sûreté précède la troupe qu'elle couvre *d'une demi-journée de marche environ*.

Elle marche sur les routes que les colonnes doivent suivre et les fait réparer et améliorer au besoin par des habitants requis ; elle reconnaît les voies latérales et explore le pays.

Quand les ressources du pays le permettent, elle fait préparer les vivres pour les colonnes qui marchent derrière elle.

Le commandant de la cavalerie chargée du service de sûreté se tient en relations constantes avec le commandant des troupes et avec celui du service d'exploration ; il fait connaître au premier tous les renseignements utiles pour la marche du lendemain.

Dans les pays accidentés et couverts, il marche avec prudence et se rapproche au besoin des troupes de l'avant-garde.

Lorsqu'il a constaté la présence de l'ennemi, il laisse un faible détachement pour le surveiller, dégage la route afin de laisser passer l'infanterie, dont il pourrait gêner l'action, et va prendre dans l'ordre de bataille la place qui lui est assignée par le commandant des troupes.

Dispositif habituel du service de sûreté.

Art. 123. — Une brigade affectée au service

de sûreté est habituellement divisée en deux groupes, comprenant chacun un régiment.

Le premier régiment dispose sur son front *une ligne d'éclaireurs* ; le reste du régiment, fractionné par groupes d'escadrons, marche à deux ou trois kilomètres en arrière des éclaireurs et leur sert de *soutiens*.

Le deuxième régiment forme la réserve et marche au centre du réseau, à 2 ou 3 kilomètres en arrière des soutiens et à 10 kilomètres environ en avant des têtes des colonnes d'infanterie.

La sûreté des flancs et celle des derrières est garantie comme celle du front.

Le deuxième régiment fournit ordinairement les troupes chargées de ces derniers services.

En général, on n'attache pas de batterie à cheval aux troupes de cavalerie chargées du service de sûreté ; le rôle qu'elles ont à remplir n'en comporte pas.

Cavalerie accompagnant des colonnes opérant isolément.

Art. 124. — La cavalerie attachée à une colonne opérant isolément accomplit simultanément le service d'exploration et celui de sûreté.

Le chef qui la commande assure ces deux services sous sa responsabilité et d'après les indications qui lui sont données par le commandant de la colonne. Dans ce but, il partage sa troupe en deux fractions distinctes, dont la force et la disposition sont laissées à son appréciation.

Si d'autres troupes de cavalerie explorent le pays en avant, ou si les troupes sous ses ordres ne sont pas assez nombreuses pour rendre efficace le service d'exploration, le commandant de la cavalerie prend ses dispositions pour assurer toujours et dans tous les cas le service de sûreté sur le front, sur les flancs et en arrière de la colonne.

En général, les communications avec les corps voisins, dans les conditions prescrites par le commandant des troupes, sont établies par la cavalerie du service de sûreté.

Les cavaliers détachés auprès des généraux sont employés plus spécialement à relier entre elles les différentes parties de la colonne, et à constituer les détachements qui précèdent ou suivent les avant-gardes ou les arrière-gardes.

Avant-garde.

Art. 125. — Indépendamment des services d'exploration et de sûreté accomplis par la cavalerie, les colonnes en marche sont encore protégées par une *avant-garde*.

La force de cette avant-garde, proportionnée à celle de la colonne qu'elle couvre, doit être suffisante pour qu'elle puisse marcher à grande distance, s'emparer des positions avantageuses, attaquer l'ennemi vigoureusement, ou tout au moins le contenir assez longtemps pour que le corps principal ait le temps de prendre ses dispositions de combat, d'entrer en ligne ou de se retirer.

Elle est habituellement composée de fractions constituées, dans la proportion d'un tiers ou d'un quart de l'effectif de la colonne.

Elle est disposée en échelons successifs conformément aux principes admis pour la formation de combat.

Ces échelons prennent le nom de *pointe*, de *tête* et de *gros* de l'avant-garde. La pointe d'avant-garde se couvre elle-même en se faisant précéder d'une de ses fractions et de quelques hommes en éclaireurs.

Les distances entre les échelons sont subordonnées à la nature du pays, à la composition et à la force de l'avant-garde.

La distance qui sépare l'avant-garde du gros des troupes est déterminée par la nécessité de donner au commandant de la colonne le temps de prendre ses dispositions de combat.

En dehors de la mission spéciale qui leur est confiée, les troupes d'avant-garde réparent ou dégagent la voie suivie par le gros de la colonne.

Flanc-gardes.

Art. 126. — Les *flanc-gardes* sont destinées à protéger les flancs ou le flanc découvert d'une colonne en marche, contre des partis ennemis qui essaieraient de la tourner et d'y jeter le désordre.

Elles sont composées de fractions constituées dont la force est en rapport avec l'importance de la colonne et avec les craintes que peuvent inspirer les tentatives auxquelles elles doivent résister.

Elles occupent pendant le passage de la colonne les points importants d'où l'ennemi pourrait inquiéter la marche et ne les quittent que lorsque la colonne s'est complètement écoulée.

Lorsque la colonne est égale ou inférieure à une brigade, les flanc-gardes sont fournies par le gros de l'avant-garde.

Transformées dans ce cas en patrouilles en raison du peu de durée d'écoulement des troupes, elles s'avancent sur les voies latérales qui pourraient servir de débouchés à l'ennemi, gagnent les hauteurs pour observer le pays et se retirent assez à temps pour prendre la queue de la colonne,

Quand il s'agit d'une colonne plus forte, les flanc-gardes, si elles ne sont pas constituées par la cavalerie, sont fournies par le corps qui est le dernier dans le dispositif de marche. Ces troupes, pour aller prendre position, marchent avec l'avant-garde; on leur adjoint quelques cavaliers. Leur mission terminée, elles rejoignent le corps dont elles font partie à la queue de la colonne.

Dans certains cas, l'artillerie peut être employée au service des flanc-gardes, par exemple lorsqu'on longe une rivière dont la rive opposée est au pouvoir de l'ennemi. Le commandant de la colonne désigne des positions qui sont occupées successivement par des batteries, dont l'objectif est d'empêcher l'artillerie ennemie de prendre position sur la rive opposée pour inquiéter la marche.

Arrière-garde.

Art. 127. — L'*arrière-garde* a pour mission d'observer tout ce qui se passe en arrière de la colonne en marche, de la prévenir si elle est menacée, et de résister énergiquement pour lui donner le temps de prendre ses dispositions de combat.

Elle est fournie par le corps qui est le dernier dans la colonne. Autant que possible, il lui est adjoint un détachement de cavalerie.

Dans les circonstances ordinaires et dans une marche en avant, la force de l'arrière-garde est

de 1 bataillon pour une colonne de corps d'armée,
de 2 compagnies pour une colonne de division,
d'une compagnie pour une colonne de brigade.

Dans les marches rétrogrades, l'avant-garde devient arrière-garde ; la cavalerie marche en arrière à une distance plus ou moins grande et en tenant constamment le contact de l'ennemi.

CHAPITRE III.

Préparation de la marche.

Instructions.

Art. 128. — Les instructions sont données par le commandant de l'armée ou du corps d'armée opérant isolément ; elles peuvent être journalières ou s'appliquer à la période de temps nécessaire pour exécuter l'opération qu'elles prescrivent ; elles font connaître ce que l'on sait de l'ennemi, le but à atteindre ainsi que l'ensemble du mouvement.

Elles sont adressées aux généraux commandant les corps d'armée ou les divisions et au commandant de la cavalerie d'exploration, qui en déduisent ce qu'ils doivent prescrire et les directions à donner à leurs colonnes.

Pour prévenir toute hésitation, tout malentendu, chaque commandant de colonne doit avoir une notion générale de l'opération à laquelle il concourt, afin qu'il puisse agir de sa propre initiative dans le cas où les ordres ne lui parviendraient pas en temps opportun.

Ordre de mouvement.

Art. 129. — L'ordre de mouvement a pour objet de régler la marche des troupes ; il est basé sur les instructions générales émanant du commandant de l'armée ou du corps d'armée opérant isolément.

Il est donné par chaque chef d'unité de commandement et par chaque chef de colonne ; il contient tous les renseignements et toutes les prescriptions qui intéressent la troupe à laquelle il est adressé.

Suivant l'importance et l'espèce de cette troupe il indique :

Ce que l'on sait de la situation générale de l'ennemi, des positions qu'il occupe ou des directions que suivent ses colonnes ;

L'ensemble de l'opération que l'on se propose d'exécuter et le but à atteindre ;

L'étendue du front de marche ;

Les mouvements que doit exécuter la cavalerie ;

Le nombre et la composition des colonnes qu'il y a lieu de former, les routes qui leur sont affectées, leurs points de destination ;

Les modifications exceptionnelles qu'il convient d'apporter, pour chaque colonne, au dispositif normal de marche, le point initial de marche pour chacune d'elles, l'heure à laquelle la tête du gros devra y passer, l'heure de la première halte horaire, la durée de la grande halte et l'endroit où elle se fera ;

La direction que suivent les colonnes voisines, les points où elles s'arrêteront, les communications à établir avec elles ;

Les positions à occuper par les flanc-gardes;

La route que suivra le commandant des troupes, la place qu'il occupera dans la colonne pendant la marche, ou le point où devront lui être adressés les rapports, demandes et renseignements, dans le cas où il se déplacerait;

L'ensemble des positions sur lesquelles devront s'établir les avant-postes à l'arrivée, et la répartition des cantonnements et des terrains de bivouac entre les différentes colonnes et les unités de commandement;

L'heure du départ des convois, la route qu'ils devront suivre et les points où ils devront s'arrêter.

Lorsqu'il n'est pas possible de donner dans l'ordre de mouvement les indications relatives aux cantonnements et aux bivouacs, on les donne pendant la marche, et assez à temps pour que l'avant-garde puisse, en arrivant, prendre ses positions, et pour que les campements qui marchent avec elle puissent préparer les diverses installations.

Du nombre et de la composition des colonnes.

Art. 130. — Le nombre et l'espèce des colonnes que l'on peut former dépendent du nombre et de la qualité des chemins dont on dispose.

Loin de l'ennemi, alors qu'une rencontre n'est pas probable, on étend le front de marche afin d'assurer aux troupes des ressources plus grandes en vivres et en logements.

Dans ce cas, il est avantageux de faire marcher séparément l'infanterie et les troupes à cheval: rien ne détruisant plus la cavalerie que la nécessité de se conformer au pas de l'infanterie.

Près de l'ennemi, la nécessité de réduire le front de marche pour être en mesure de livrer combat, impose l'obligation de rapprocher les colonnes et de les composer d'unités d'armes différentes.

Dans ce cas, la colonne de division, qui, sans être trop lourde, renferme tous les éléments nécessaires pour le combat, est la plus avantageuse.

On ne doit avoir recours aux colonnes de corps d'armée que lorsqu'il n'est pas possible de marcher par division.

Le commandant des troupes affecte à chaque colonne une *zone* dite *de marche*, dont tous les chemins et toutes les ressources en logements et en vivres lui sont exclusivement réservés.

Reconnaissance des voies de communication.

Art. 131. — Aussitôt qu'il a reçu l'ordre de mouvement, chaque commandant de colonne fait étudier sur la carte, à l'aide des renseignements qui lui sont fournis par le commandant de la cavalerie et par les habitants, toutes les routes qui sont en avant de lui, et particulièrement celle que doit suivre la colonne.

Il fait étudier aussi les routes transversales qui permettront de communiquer avec les colonnes voisines, et au besoin les positions que devront prendre les flanc-gardes pour protéger le mouvement.

Il fait rechercher les gens qui connaissent bien le pays, tels que les forestiers, les marchands forains, etc., pour les interroger et les employer comme guides.

Réparation et amélioration des voies.

Art. 132. — Si l'ennemi a dégradé ou obstrué les routes, s'il a coupé des ponts, s'il faut adoucir des pentes ou préparer des rampes pour faciliter le passage des voitures, et si la cavalerie n'a pu faire exécuter par les habitants les travaux nécessaires, le commandant de la colonne les fait entreprendre le soir ou pendant la nuit par des sapeurs du génie, aidés au besoin par un détachement d'infanterie pris dans les troupes qui, le lendemain, doivent former l'avant-garde.

Ordres normaux de marche.

Art. 133. — L'ordre normal de marche est ordinairement le suivant ; il peut être modifié suivant les circonstances.

COLONNE D'UNE DIVISION DE CAVALERIE.

1° *Avant-garde.*

1re brigade,
Une batterie (s'il y a lieu) (1),
Une section d'ambulance,
Service de réquisition et de distribution du jour.

2° *Gros de la colonne.*

Etat-major de la division,
2e brigade,

---

(1) Une batterie est détachée à la brigade d'avant-garde lorsqu'on prévoit que celle-ci aura à faire usage du canon pour renverser un obstacle.

Deux ou trois batteries,
3º brigade, moins un ou deux escadrons d'arrière-garde.

3º *Train de combat de la division.*

L'ambulance, moins la section d'avant-garde.

4º *Arrière-garde.*

Un ou deux escadrons.

5º *Train régimentaire de la division.*

Gendarmerie et prisonniers,
Train du quartier général,
Train de la 1re brigade,
Train de l'artillerie,
Train de le 2º brigade,
Train de la 3º brigade.

6º *Convoi administratif.*

Ce convoi, s'il est exceptionnellement constitué, marche à la distance déterminée par le commandant de la division ; il lui est donné une escorte spéciale.

COLONNE D'UNE DIVISION D'INFANTERIE.

1º *Service d'exploration et de sûreté.*

La cavalerie attachée à la division en avant plus ou moins loin, suivant les circonstances et la proximité de l'ennemi.

2° *Avant-garde.*

Un détachement de cavalerie,
Premier régiment d'infanterie,
Etat-major de la 1re brigade,
La demi-compagnie divisionnaire du génie,
Une ou deux batteries d'artillerie,
Une section d'ambulance,
Un jour de vivres pour la cavalerie,
Le campement de la division.

3° *Gros de la colonne.*

Etat-major de la division,
Un bataillon d'infanterie du 2e régiment,
Trois ou deux batteries montées,
Deux bataillons du 2e régiment,
La 2e brigade, moins deux compagnies d'arrière-garde.

4° *Train de combat de la division.*

L'ambulance, moins la section d'avant-garde ;
Une section de munitions d'infanterie et une section de munitions d'artillerie, si elles ont été détachées du train de combat du corps d'armée pour suivre la division opérant isolément ;
Détachement de police.

5° *Arrière-garde.*

Deux compagnies d'infanterie.

6° *Train régimentaire de la division.*

Gendarmerie et prisonniers.

Train du quartier général de la division,
Train de la cavalerie, moins un jour de vivres,
Train de la demi-compagnie divisionnaire du génie,
Train de la 1re brigade,
Train de la 2e brigade,
Train de l'artillerie divisionnaire,
Train des deux sections de munitions d'infanterie et d'artillerie, s'il y a lieu.

7° *Convoi administratif.*

Ce convoi marche à une distance déterminée par le commandant de la colonne ; il lui est donné une escorte spéciale, s'il y a lieu.

COLONNE DE CORPS D'ARMÉE.

1° *Service d'exploration et de sûreté.*

La brigade de cavalerie en avant, plus ou moins loin,
Une batterie à cheval, s'il y a lieu.

2° *Avant-garde.*

Détachement de cavalerie,
La 1re brigade d'infanterie,
L'état-major de la 1re division,
La demi-compagnie divisionnaire du génie de la 1re division,
Deux batteries montées,
Une section d'ambulance,
Un jour de vivres pour la cavalerie,
Le campement du corps d'armée.

3° *Gros du corps d'armée.*

Etat-major du corps d'armée,
Le bataillon de chasseurs à pied,
Deux batteries montées,
La 2º brigade d'infanterie,
L'ambulance de la 1re division, moins la section d'avant-garde.
La compagnie de réserve du génie,
L'artillerie de corps,
L'état-major de la 2e division,
La demi-compagnie divisionnaire du génie de la 2e division,
La 3e brigade d'infanterie,
Quatre batteries montées,
La 4e brigade d'infanterie, moins le bataillon d'arrière-garde et les détachements de flanc-gardes,
L'ambulance de la 2e division.

4° *Train de combat du corps d'armée.*

Le parc du génie du corps d'armée,
Les deux sections de munitions d'infanterie,
Les quatre sections de munitions d'artillerie,
L'équipage de pont, s'il y a lieu,
Détachement de police.

5° *Arrière-garde.*

Un bataillon d'infanterie,
Un détachement de cavalerie.

6° *Train régimentaire du corps d'armée.*

Gendarmerie du quartier général et prisonniers,

Ambulance du quartier général,
Train du quartier général du corps d'armée,
Section télégraphique (si elle marche avec le corps d'armée),
Train de la cavalerie, moins un jour de vivres,
Train du bataillon de chasseurs,

Train de la 1re division \
Train de la 2e division } dans l'ordre indiqué à la colonne de division,

Train de la compagnie de réserve du génie et du parc du génie,
Train de l'artillerie de corps,
Train des sections de munitions d'infanterie,
Train des sections de munitions d'artillerie,
Train de l'équipage de pont, s'il y a lieu.

7° *Convoi.*

Le convoi avec son escorte marche à la distance déterminée dans l'ordre de mouvement.

Dans le cas où les deux divisions marchent séparément, la répartition des troupes non endivisionnées, des trains régimentaires et du convoi est arrêtée par le commandant du corps d'armée.

Dans les colonnes de corps d'armée et de division, le bétail pour la distribution du jour, ainsi que le personnel et le matériel pour assurer les réquisitions et les distributions, marchent entre l'avant-garde et la tête du gros.

COLONNE MIXTE.

(2 escadrons, 1 brigade d'infanterie, 2 batteries, détachement du génie et section d'ambulance.)

1° *Service d'exploration et de sûreté.*

Les deux escadrons de cavalerie, moins un peloton, à une distance plus ou moins grande en avant.

2° *Avant-garde.*

Un détachement de cavalerie,
Deux bataillons d'infanterie,
Le détachement du génie,
Une batterie montée.

3° *Gros de la colonne.*

Etat-major de la brigade,
Le 3ᵉ bataillon du 1ᵉʳ régiment,
Une batterie montée,
Le 2° régiment de la brigade, moins la compagnie d'arrière-garde,
La section d'ambulance,
Détachement de police.

4° *Arrière-garde.*

Une compagnie d'infanterie,
Un détachement de cavalerie.

5° *Train régimentaire de la colonne.*

Le fourgon du général,
Train des deux escadrons,
Train du génie,

Train du 1ᵉʳ régiment,
Train du 2º régiment,
Train des deux batteries.

COLONNE EN RETRAITE.

Dans les marches en retraite, les éléments des colonnes marchent dans un ordre inverse de celui adopté pour la marche en avant.

L'avant-garde, qui devient arrière-garde, est habituellement constituée plus fortement que l'avant-garde ordinaire, à l'aide des troupes qui ont le moins souffert.

Point initial de marche.

Art. 134. — Le point initial de la marche est celui où chaque élément, qu'il suive la route principale ou qu'il arrive par d'autres chemins, doit prendre rang dans la colonne.

Ce point est choisi assez en avant des cantonnements ou des bivouacs pour que tous les corps puissent y arriver sans détours inutiles. Il doit être très apparent, d'un accès facile, situé sur la route à suivre.

Les chefs de colonne et des unités de commandement le font reconnaître aussitôt qu'ils ont reçu l'ordre de mouvement, et estiment le temps nécessaire à leur tête de colonne pour y arriver, soit en suivant les routes ou sentiers frayés, soit en passant à travers champs.

Lorsque les cantonnements d'une division ou d'une brigade sont éloignés de la ligne de marche, le général commandant peut désigner pour ses troupes un point initial intermédiaire.

CHAPITRE IV.

Exécution de la marche.

Préparatifs de départ.

Art. 135. — En principe, les troupes doivent toujours être prêtes à partir, de jour comme de nuit.

Dans ce but, les armes, les effets, le harnachement sont disposés avec ordre, pour qu'un départ imprévu s'exécute rapidement et sans confusion.

Avant le départ, les officiers passent dans les cantonnements ou bivouacs ; ils s'assurent que les équipages sont chargés, que les ustensiles de cuisine et les outils sont rassemblés et remis à ceux qui doivent les porter ; ils font éteindre les feux et empêchent qu'on ne brûle la paille et les abris ; dans la cavalerie, ils font ramasser et botteler le fourrage.

Batteries et sonneries, rassemblements.

Art. 136. — En campagne, les rassemblements ont lieu sans batteries ni sonneries.

On peut au besoin employer le sifflet.

Les batteries ou sonneries sont réservées pour le cas d'alerte.

Les diverses fractions sont réunies sur place, puis conduites au point de rassemblement par les soins de leurs chefs.

Les chefs de corps estiment le temps nécessaire aux rassemblements ; ils évitent de fatiguer les troupes en les mettant trop tôt sur pied et en les faisant stationner inutilement.

Départ jamais retardé.

Art. 137. — L'exécution des ordres ne devant jamais éprouver de retard, si l'officier qui commande n'est pas à la tête de sa troupe lorsque celle-ci doit partir, l'officier du rang immédiatement inférieur la fait mettre en marche.

Formation des colonnes.

Art. 138. — La mise en route des colonnes nombreuses n'est jamais précédée d'un rassemblement d'ensemble.

La colonne se forme en marchant, par l'arrivée successive, au point initial, des unités de marche et de commandement.

Un officier du service d'état-major, placé au point initial, donne aux chefs de corps et aux commandants des unités isolées tous les renseignements de détail qui peuvent leur être utiles, et leur transmet les ordres particuliers qui ont pu lui être laissés.

Quand tous les éléments sont entrés dans la colonne, cet officier rejoint le commandant des troupes dont il fait partie, et lui rend compte de sa mission.

Heures de départ.

Art. 139. — Les heures de départ dépendent des circonstances ; si l'on est libre de choisir son temps, on doit les fixer de manière à laisser le plus de repos possible aux troupes, et éviter de mettre la tête de l'avant-garde en marche avant le jour.

Les heures de départ des autres éléments sont

échelonnées d'après les durées d'écoulement des éléments qui les précèdent, la distance qui les sépare du point initial de marche et les haltes horaires déjà faites au moment de leur départ.

Les mouvements sont réglés sur l'heure du quartier général.

Vitesse de la marche.

Art. 140. — Lorsque les colonnes sont composées de troupes de plusieurs armes, la vitesse de la marche est celle de l'infanterie.

Elle est en moyenne de quatre kilomètres à l'heure, y compris les haltes horaires.

Haltes horaires.

Art. 141. — Il est fait, après chaque période de 50 minutes de marche, une halte de 10 minutes.

L'ordre de mouvement fixe l'heure de la première halte; les suivantes se font sans de nouveaux ordres.

Chaque chef d'unité de marche arrête et remet en marche, à l'heure précise, l'unité qu'il commande.

Au moment de l'arrêt, les troupes et les voitures serrent sur la tête de l'unité. Les troupes à pied forment les faisceaux et déposent les sacs; les troupes à cheval mettent pied à terre, ressanglent les chevaux et rectifient le paquetage. A la première halte les officiers passent l'inspection, et font jeter les effets qui ne sont pas réglementaires ou qui dépassent le nombre déterminé.

Grand'halte.

Art. 142. — Il n'est fait de grand'halte que lorsque la distance ou la température la rendent indispensable.

En général, quand il n'y a que quatre ou cinq heures de marche, il vaut mieux franchir l'étape d'une seule traite.

Quand la grand'halte est nécessaire, on la fait toujours sous la protection de l'avant-garde, et autant que possible après avoir parcouru les deux tiers ou les trois quarts de la route. Elle a lieu près d'un village, près d'un cours d'eau ou dans le voisinage d'une fontaine assez abondante pour fournir de l'eau à la colonne.

L'ordre de mouvement indique la durée de la grand'halte, le lieu où elle doit se faire et la distance qui la sépare du point initial de marche.

Les unités arrivent successivement; un officier du service d'état-major leur indique l'emplacement où elles doivent se former; chacune d'elles reprend la marche après le temps de repos prescrit.

Pendant la halte, les troupes font un léger repas de café ou de viande froide; les chevaux sont débridés et légèrement dessanglés, on leur donne un peu de nourriture. Ils peuvent être attachés.

Long repos.

Art. 143. — Quand, pour une cause quelconque, une colonne doit faire une longue marche, franchir par exemple une distance de 40 à 50 kilomètres en marchant le jour et la nuit, il est nécessaire de lui donner, indépendamment de la grand'halte, un long repos de 3 ou 4 heures pour permettre aux hommes de préparer leurs aliments et même de dormir.

Ce long repos a lieu, comme la grand'halte, sur un point indiqué par l'ordre de mouvement ou par un ordre ultérieur donné pendant la marche ; l'emplacement où chaque unité doit s'arrêter et se former est indiqué par un officier du service d'état-major ; chacune d'elles reprend sa marche lorsque la durée du repos est expirée.

Pendant les longs repos, les chevaux sont attachés, débridés et dessanglés, et on les fait boire et manger.

Après les grand'haltes et les longs repos, l'heure de la première halte horaire est indiquée par le commandant de la colonne ; chaque chef d'unité en déduit les haltes suivantes.

Police pendant la marche.

Art. 144. — Il est défendu de tirer des armes à feu dans les marches, de faire aucun cri de halte ni de marche.

On laisse le moins possible les soldats s'arrêter individuellement aux ruisseaux et aux puits ; avant le départ, les bidons doivent être remplis d'eau mélangée, s'il se peut, avec du vin ou du café.

Lorsque des troupes traversent des villages, les officiers et les sous-officiers veillent à ce que les soldats ne quittent pas leur rang.

Indépendamment de l'arrière-garde, le commandant de la colonne forme, pour faire rejoindre les trainards, un détachement de police commandé par un officier, dont les éléments sont pris dans le dernier régiment de la colonne, et auquel on ajoute, au besoin, des sous-officiers de chaque régiment.

Cette troupe doit visiter les chemins creux, les fermes, les villages, arrêter les maraudeurs et remettre à la gendarmerie ceux qui sont pris en flagrant délit; les autres sont remis, à l'arrivée, à la garde de police de leurs corps.

Les chevaux déferrés sont, autant que possible, réunis et confiés à la surveillance d'un sous-officier.

Soins à prendre par les officiers généraux et les commandants d'unités pour maintenir l'ensemble dans la marche.

Art. 145. — Les officiers généraux et les commandants d'unités s'arrêtent souvent pour voir si leurs troupes marchent dans l'ordre prescrit et conservent leurs distances; ils envoient parfois à la queue de la colonne des officiers qui viennent leur rendre compte et les mettent ainsi à même de rectifier la marche.

Celle-ci doit être uniforme; on doit éviter les ralentissements subits ou les brusques augmentations de vitesse.

Un officier du service d'état-major est placé aux passages (ponts, défilés, etc.), où l'on peut craindre qu'il n'y ait encombrement ou désordre. Il est chargé de faire arrêter les voitures venant en sens inverse de la marche et de les faire ranger sur l'un des côtés de la route, de rendre compte des difficultés qui se présentent et de prévenir lorsque le passage est effectué.

S'il se produit des allongements exceptionnels, le commandant de chaque unité de marche arrête la tête de sa troupe au delà du passage, dès qu'elle a laissé derrière elle l'espace nécessaire pour contenir l'unité entière; il la remet en marche assez à temps pour que la queue ne soit pas obligée de s'arrêter.

Le commandant de la colonne ordonne une nouvelle halte à la première unité dès que toutes les troupes ont franchi le passage, et remet toute la colonne en marche lorsque chaque unité a repris sa distance.

La série des haltes horaires recommence après cette halte exceptionnelle.

Cas où des troupes se rencontrent.

Art. 146. — Nulle troupe en marche ne doit être coupée par une autre.

Lorsque deux têtes de colonne se rencontrent à une croisée de chemins, à moins d'ordres contraires écrits ou transmis verbalement par un officier du service d'état-major, la première dans l'ordre de bataille prend le pas sur l'autre, qui suspend sa marche.

Si l'une des troupes, arrivée la première à la croisée, est en pleine marche et occupe ou coupe la route que l'autre doit suivre, cette dernière attend, quel que soit son rang.

Une colonne qui en trouve une autre arrêtée passe, si elle a la priorité sur elle; elle passe encore si l'autre, ayant le droit de marcher la première, ne veut pas en user à l'instant même.

La colonne qui passe la première est suivie de son train de combat; elle laisse en arrière son train régimentaire, qui ne reprend sa marche qu'après le passage de la seconde colonne et de son train de combat, mais avant le train régimentaire de cette seconde colonne.

Le commandant d'une troupe qui rencontre un train régimentaire ou un convoi le fait arrêter s'il ne peut continuer autrement sa route.

Les généraux et autres officiers qui ont à suspendre la marche d'une colonne examinent consciencieusement si le bien du service n'exige pas qu'ils abandonnent leur prérogative. Ils doivent se concerter avec le chef de cette colonne, et se déterminer d'après le vu des ordres respectifs, en ne suivant d'autres règles que l'intérêt de l'armée.

Relations entre les colonnes voisines.

Art. 147. — Chaque commandant de colonne doit user de tous les moyens dont il dispose pour entrer en relation avec les commandants des colonnes voisines.

Il emploie, quand il le peut, le réseau télégraphique, envoie des officiers, et profite de toutes les voies latérales pour faire parvenir à ces colonnes, par des cavaliers, des bulletins indiquant l'heure précise de son départ et celle de l'arrivée de sa tête de colonne aux points marquants de la route qu'il suit.

Il leur fait part en même temps de tous les événements et de toutes les nouvelles qui peuvent les intéresser.

Si les communications ne peuvent pas être établies comme il vient d'être dit, on emploie des signaux convenus d'avance, au besoin des émissaires secrets et salariés : l'essentiel est que chaque commandant de colonne tienne ses voisins, à quelque corps d'armée qu'ils appartiennent, exactement au courant de sa marche, de sa situation et des nouvelles importantes qui lui parviennent.

Sapeurs en tête des colonnes ; jalonnage.

Art. 148. — Chaque colonne est, autant que possible, précédée par un détachement de sapeurs du génie ou de régiment, destiné à aplanir les obstacles qui peuvent retarder la marche. Les sapeurs sont aidés, au besoin, par des gens du pays ou par des soldats d'infanterie.

Aux embranchements des routes, il est souvent utile de laisser des guides, ou d'établir des signaux pour indiquer la direction à suivre.

Dans les marches de nuit, la route est jalonnée par des caporaux ou des brigadiers intelligents, qui sont relevés successivement d'unité de marche en unité de marche.

Alimentation pendant les marches.

Art. 149. — En marche, les repas sont réglés suivant l'heure du départ.

Les unités qui partent après neuf heures du matin font le principal repas avant de partir. Celles qui partent avant neuf heures le font en arrivant au gîte.

On conserve généralement une partie de la viande pour la manger froide à la grand'halte.

Lorsque les chevaux peuvent digérer l'avoine avant le départ, on leur donne une bonne partie de la ration ; sinon, **on la réserve pour le moment de l'arrivée.**

Dans le cas d'une marche pénible ou forcée, ou quand on prévoit un engagement dans la journée, un supplément de ration peut être alloué aux hommes et aux chevaux.

Honneurs à rendre pendant la marche.

Art. 150. — En marche et pendant les haltes, il n'est rendu d'honneurs qu'au *commandant en chef*.

Malades, chevaux de main, voitures.

Art. 151. — Les malades marchent avec l'ambulance.

Les chevaux de main des officiers et les chevaux haut le pied marchent à la suite de l'unité à laquelle ils appartiennent.

Les hommes à pied de la cavalerie et les chevaux indisponibles marchent avec le train régimentaire.

La voiture du général commandant le corps d'armée, celles des généraux blessés ou malades, la voiture-bureau de l'état-major du corps d'armée peuvent seules marcher avec les troupes.

Rapports.

Art. 152. — Pendant la marche, chaque chef de corps ou de détachement fait, aussitôt que possible, au général de brigade, un rapport verbal sur la situation morale et matérielle de la troupe qu'il commande.

Les généraux de brigade font au général de division un rapport analogue.

Dispositions à l'arrivée.

Art. 153. — Dès que les troupes sont installées dans leurs cantonnements ou bivouacs, on s'occupe sans retard de la distribution de la viande, soit qu'on se la procure sur place, soit que l'on ait recours au troupeau.

On se livre à la préparation des aliments et l'on procède aux autres distributions aussitôt que possible.

Les médecins des corps font la visite des malades et désignent ceux qui doivent être laissés à l'ambulance.

Les vétérinaires passent la visite des chevaux.

Les hommes nettoient leurs armes, leurs effets et les harnachements ; en un mot, ils disposent tout pour un départ qui peut être subit. Si les armes doivent être démontées, elles le sont alternativement par section ou par peloton.

Les chevaux sont abreuvés par fraction d'un quart ou tout au plus d'un tiers de l'effectif.

Le commandant de la colonne prévoit les dispositions à prendre en cas d'attaque.

CHAPITRE V.

Dispositions concernant les trains régimentaires et les convois d'approvisionnement.

Vaguemestres.

Art. 154. — Il y a un vaguemestre pour le quartier général de l'armée, un par quartier général de corps d'armée et un par division.

Les vaguemestres sont pris parmi les officiers de gendarmerie; ils sont secondés par des sous-officiers et des gendarmes. Ils font aux généraux et aux chefs d'état-major des rapports analogues à ceux prescrits aux prévôts par l'article 236.

Les capitaines ou officiers de gendarmerie, vaguemestres des divisions et du quartier général du corps d'armée, prennent le commandement et la direction des trains régimentaires des divisions et du quartier général. Le prévôt du corps d'armée a le commandement et la direction du train régimentaire du corps d'armée.

Les trains régimentaires des corps de troupe sont commandés et dirigés par les officiers d'approvisionnement, ayant sous leurs ordres les sous-officiers qui leur sont attachés et les vaguemestres des corps.

L'officier vaguemestre d'une division a toujours à grade égal le commandement du train régimentaire de la division sur les officiers d'approvisionnement des corps; dans une brigade isolée où ne se trouve pas l'officier vaguemestre de la division, le plus ancien officier d'approvisionnement prend le commandement.

Les commandants des trains régimentaires maintiennent l'ordre et la police dans les convois qu'ils commandent.

Ordre de marche des éléments composant les trains.

Art. 155. — Les éléments composant les trains régimentaires marchent dans l'ordre ci-après:

1° *Train de régiment.*

Les voitures de vivres,
Les voitures à bagages,
La voiture d'effets.

2° *Train de brigade.*

Le fourgon du général commandant,
Le train du 1ᵉʳ régiment,
Le train du 2ᵉ régiment.

3° *Train du quartier général d'une division.*

Les voitures du général commandant la division,
— de l'état-major de la division,
— de l'état-major de l'artillerie,
— du sous-intendant,
— du trésor et des postes,
— de la prévôté,
— des vivres du quartier général.

4° *Train du quartier général du corps d'armée.*

Les voitures du général commandant le corps d'armée,
— de l'état-major du corps d'armée,
— de l'état-major de l'artillerie,
— de l'état-major du génie,
— de la direction de l'intendance,
— de la direction du service de santé,
— du sous-intendant du quartier général,
— du trésor et des postes,
— de la prévôté,
— des vivres du quartier général.

5° *Train d'une division d'infanterie.*

(Voir, article 133, colonne d'une division d'infanterie.)

6° *Train de corps d'armée.*

(Voir, article 133, colonne de corps d'armée.)

L'ordre de marche des trains du quartier général d'une armée et du grand quartier général est réglé par le chef d'état-major de chacun de ces quartiers généraux. On fait en sorte que ces trains ne gênent pas la marche des troupes et ne se trouvent jamais réunis à ceux des corps d'armée.

Réunion et départ des trains.

Art. 156. — Les ordres pour la réunion et le départ des trains régimentaires sont donnés aux vaguemestres de l'armée, des corps d'armée et des divisions par les chefs d'état-major, et aux officiers d'approvisionnement des corps par les colonels.

Les vaguemestres dans les quartiers généraux et les officiers d'approvisionnement dans les corps réunissent les voitures et les mettent en route assez à temps pour que la tête du train qu'ils dirigent se présente au point initial à l'heure prescrite par l'ordre de mouvement.

Les vaguemestres des divisions pour les trains régimentaires de division, et les prévôts de corps d'armée pour les trains régimentaires de corps d'armée, se trouvent au point initial de marche et veillent à ce que les groupes composant les trains de division et de corps d'armée entrent dans la colonne à l'heure et dans l'ordre fixés.

Garde des trains; leur escorte.

Art. 157. — Les trains des quartiers généraux

peuvent avoir une garde dont la force est réglée par le chef d'état-major. Ceux des brigades et des régiments sont gardés par les conducteurs des voitures et par les hommes qui, pour une cause quelconque, n'entrent pas dans le rang.

Quand, pour leur défense, il est donné une escorte particulière aux trains régimentaires, le commandant de cette escorte se conforme aux prescriptions du titre XI. Les commandants et le personnel des trains sont, dans ce cas spécial, sous ses ordres.

La gendarmerie n'est employée aux équipages que pour la police; elle ne l'est jamais comme escorte, à moins de nécessité absolue (article 220).

Convois administratifs des subsistances.

Art. 158. — Les convois administratifs des subsistances sont commandés, sous la direction technique des fonctionnaires de l'intendance :

1° Le convoi administratif des subsistances d'une division, par le capitaine de la compagnie du train des équipages attelant le convoi ;

2° Le convoi administratif des subsistances du quartier général du corps d'armée, par le chef d'escadron du train des équipages du corps d'armée.

Dans chaque convoi de division et dans chaque moitié du convoi du quartier général, les voitures de vivres marchent par sections portant chacune un jour de vivres ; les autres voitures du convoi marchent en arrière de ces sections.

Lorsque les convois administratifs des divisions et du quartier général marchent réunis, le chef d'escadron du train des équipages en a le commandement supérieur. Ils marchent dans l'ordre ci-après :

Les commis et ouvriers d'administration,
La réserve des commis et ouvriers,
La première moitié du convoi du quartier général,
Le troupeau de bétail sur pied,
La deuxième moitié du convoi du quartier général,
Les voitures de vivres des compagnies du train attelant le convoi du quartier général,
Les voitures portant la réserve d'effets du quartier général,
Le convoi administratif de la 1re division,
Le convoi administratif de la 2e division.

L'ordre de mouvement fait connaître l'heure de départ des convois, la route qui leur est affectée et les points où ils doivent s'arrêter.

Parc d'artillerie.

Art. 159. — Le parc d'artillerie est commandé par le lieutenant-colonel commandant le parc, secondé par les officiers qui lui sont adjoints.

Il marche suivant les prescriptions de l'ordre de mouvement et dans l'ordre ci-après :

L'état-major de parc,
La section à pied,
Le détachement d'ouvriers,
Le détachement d'artificiers,
Les quatre sections de parc,
Le train régimentaire de ces sections.

Dépôt de remonte mobile.

Art. 160. — Le dépôt de remonte mobile, sous la direction d'un officier du train des équipages, marche suivant les ordres du commandant des troupes :

Soit après la colonne des convois administratifs,

Soit après le parc d'artillerie.

Hôpitaux de campagne.

Art. 161. — Le groupe des hôpitaux de campagne est commandé, sous la direction technique du médecin le plus élevé en grade, par l'officier commandant le détachement du train qui fournit les attelages. Lorsqu'on prévoit des engagements avec l'ennemi, tout ou partie de ce groupe marche, selon ce qui est prescrit dans l'ordre de mouvement, soit en tête du convoi, soit à la suite d'une des sections du convoi des subsistances.

Dans les circonstances urgentes, le commandant des troupes peut ordonner, sur la proposition du directeur du service de santé, qu'un ou plusieurs hôpitaux de campagne marchent avec les trains régimentaires. Dans ce cas, ces hôpitaux prennent place dans la colonne immédiatement après l'ambulance du quartier général (art. 133 et 155).

Rencontre de trains ou de convois.

Art. 162. — Quand deux trains régimentaires ou deux convois se rencontrent, la marche de chacun d'eux est réglée d'une manière analogue à ce qui est prescrit pour les colonnes de troupes.

Mesures de police et de surveillance concernant les trains régimentaires et les convois.

Art. 163. — Afin qu'il n'y ait dans l'armée que les voitures autorisées par les règlements, les voitures particulières que les généraux peuvent avoir, en vertu d'une permission spéciale du commandant en chef, portent l'indication de leur propriétaire. Les fourgons des généraux, des chefs de service et des régiments sont marqués des numéros des corps d'armée, divisions, brigades et régiments, et portent l'indication des services auxquels ils sont affectés.

Les généraux commandants d'armée, de corps d'armée ou de division exigent rigoureusement que les officiers généraux, les officiers d'état-major, les régiments sous leurs ordres, et toutes les personnes relevant de leur commandement n'aient que le nombre de voitures et de chevaux autorisé par le règlement ou par le général en chef. Ils font passer fréquemment et passent eux-mêmes des revues à cet effet. Ils ne permettent jamais que les voitures d'artillerie et du génie, non plus que celles du train des équipages, soient chargées de rien d'étranger à leur service, ni que les soldats de ces armes soient employés, même momentanément, à conduire des voitures particulières, ni que leurs chevaux y soient attelés.

Chaque chef d'état-major fait remettre au vaguemestre de son quartier général un état indiquant la composition du train régimentaire qu'il doit commander et diriger.

Les vaguemestres (à l'égard des trains qu'ils commandent et dirigent), ainsi que les sous-officiers de gendarmerie qui leur sont adjoints, vérifient si l'on se conforme aux ordres donnés quant au nombre et à la nature des moyens de transport.

Ils arrêtent les voitures non autorisées, les font sortir de la route, leur interdisent de suivre la colonne, et préviennent les conducteurs qu'en cas de récidive les chevaux seront saisis. Si ce cas se présente, les chevaux sont remis au train des équipages sur reçu, et il est rendu compte au chef d'état-major.

Ils s'assurent si les individus qui suivent les trains régimentaires ont droit de le faire, et même de se trouver à l'armée.

Enfin, en ce qui concerne les voitures de réquisition qui font partie des trains et des convois, ils sont autorisés, ainsi que les brigadiers de gendarmerie et les gendarmes, à employer tous les moyens coercitifs envers les charretiers qui conduisent mal leurs voitures, maltraitent leurs chevaux ou s'arrêtent pour boire. Ceux qui résistent avec violence, qui se livrent au pillage ou qui, au moment d'une attaque, cherchent à s'enfuir, doivent être traduits devant un conseil de guerre.

TITRE IX.

Service de sûreté.

Le service de sûreté comprend les avant-postes et les reconnaissances.

Ire PARTIE.

AVANT-POSTES.

CHAPITRE Ier.

Considérations générales.

Mission des avant-postes.

Art. 164. — Les avant-postes ont pour mission :
1° *De renseigner* la troupe qu'ils couvrent sur la position et les mouvements de l'ennemi ;
2° *De la protéger* contre les surprises et de lui donner le temps de se préparer au combat.

En raison de sa *mobilité*, la *cavalerie* est plus spécialement chargée du service des *renseignements*.

Le service de *sûreté* exigeant au contraire une *force de résistance*, est presque exclusivement confié à l'*infanterie*.

Rarement, et seulement lorsque l'ennemi est éloigné, la cavalerie peut suffire à remplir les deux missions. Plus rarement encore, et lorsque le pays est très couvert et très accidenté, l'infanterie peut se passer du concours de la cavalerie.

Sauf ces cas particuliers, la cavalerie exerce sa surveillance le plus en avant possible. Tout en recueillant des renseignements, elle protège contre les surprises les avant-postes de sûreté de l'infanterie, et leur permet de se reposer. Elle leur rend compte de tous ses mouvements et se rallie sur eux lorsqu'elle est repoussée. La nuit, si le voisinage de l'ennemi ne permet pas à la cavalerie de se maintenir en avant, elle se replie sur les avant-postes de l'infanterie, qui prennent alors le double service de renseignements et de sûreté.

Ainsi, la combinaison, l'action commune de l'infanterie et de la cavalerie sont une nécessité constante du service des avant-postes.

On ne place de l'artillerie aux avant-postes que lorsqu'il s'agit de garder des points importants, et surtout des défilés.

La disposition d'ensemble et le service des avant-postes varient avec les situations, les terrains, le but à atteindre.

Pendant les mouvements, et surtout quand on fait halte vers le soir pour continuer la marche le lendemain, on s'attache principalement à occuper les chemins conduisant à l'ennemi. Mais lorsque les mouvements sont suspendus, et particulièrement dans le voisinage de l'ennemi, les mesures de sûreté reçoivent plus d'extension, et sont prises aussi complètement que possible.

On ne peut donc donner que des indications générales au sujet du service des avant-postes. Le jugement seul sera presque toujours le meilleur guide dans le choix des moyens les plus propres à satisfaire à la double mission qui leur est confiée.

Emplacement et force des avant-postes.

Art. 165. — L'*emplacement* des avant-postes de sûreté se détermine d'après la position des troupes à couvrir.

Si l'on marche en avant, il est subordonné à l'emplacement de l'avant-garde. On doit tenir compte aussi de la distance à laquelle se trouve l'ennemi, ainsi que de la nature du terrain, de manière à n'employer au service que le moins de monde possible.

Dans la retraite, on choisit une bonne position, que l'on fait occuper par des avant-postes pris parmi les troupes qui ont le moins souffert. Les autres troupes se retirent derrière cette position.

L'*effectif* des troupes employées aux avant-postes ne doit jamais s'élever au-dessus de ce qu'exige chaque cas spécial.

En mouvement et dans les circonstances normales, notamment lorsqu'aucun combat n'a précédé, les avant-postes se composent d'une partie de l'avant-garde ou de l'arrière-garde (environ le quart, la moitié au plus). Cette fraction prend une position plus rapprochée de l'ennemi, et son chef devient le commandant des avant-postes.

S'il s'agit d'un petit détachement, tel qu'une brigade, l'avant-garde ou l'arrière-garde tout entière constitue les avant-postes, et son chef est en même temps commandant des avant-postes.

Dans les terrains très accidentés, on divise la ligne des avant-postes en sections ayant chacune un commandant particulier.

Enfin, lorsqu'on est en station à proximité de l'ennemi, les troupes en première ligne pourvoient elles-mêmes à leur propre sûreté. Le service des avant-postes reçoit alors tout son développement; il est fait *par brigade*, et soumis aux règles qui vont être exposées ci-après.

CHAPITRE II.

Avant-postes d'infanterie.

Composition des avant-postes d'infanterie.

Art. 166. — Les prescriptions qui suivent sont applicables aux grandes unités d'infanterie se couvrant elles-mêmes à petite distance de l'ennemi.

Un réseau d'avant-postes comprend les divisions suivantes :

Une ligne de *sentinelles doubles*,
Des *petits postes*,
Des *grand'gardes*,
Une *réserve*.

C'est la partie *fixe* du réseau ; la partie *mobile* est constituée par les *rondes* et *patrouilles*.

Partie fixe. — Les *sentinelles doubles* sont placées en première ligne pour observer l'ennemi et avertir de ses mouvements.

Les *petits postes* sont destinés à fournir les sentinelles et à les soutenir.

Les *grand'gardes* ont pour mission de fournir, de renforcer et de recueillir au besoin les petits postes.

La *réserve* est chargée de soutenir les grand'-

gardes, de les recueillir si elles sont repoussées, et de prolonger suffisamment la résistance pour que le corps principal ait le temps de prendre ses dispositions de combat.

Des *postes spéciaux* sont quelquefois détachés pour occuper *des points importants* situés, soit sur la ligne des sentinelles, soit en dehors de cette ligne.

Partie mobile. — Les *rondes* ont pour objet de s'assurer que le service est exactement fait sur la ligne des sentinelles et des petits postes.

Les *patrouilles* sont des détachements de force variable, que les petits postes, les grand'gardes ou la réserve envoient au delà de la ligne des sentinelles pour explorer le terrain et observer l'ennemi.

L'effectif d'un petit poste varie entre une *escouade* et une *section*. Celui d'une grand'garde, y compris les petits postes qu'elle détache, est habituellement d'une *compagnie*.

La réserve a généralement une force égale à l'effectif total des grand'gardes auxquelles elle correspond.

L'étendue du front à garder, la nature du terrain, la nécessité de renforcer tel ou tel point dangereux, enfin diverses circonstances influent sur la force à donner aux avant-postes. Cette force varie ordinairement du *quart* au *sixième* de la troupe à couvrir

Quand le service des avant-postes est fait par brigade, un bataillon y est généralement employé. Il détache deux compagnies en grand'-

garde, les deux autres compagnies forment la réserve.

Les avant-postes sont toujours formés de fractions constituées, sous les ordres de leur chef. Lorsqu'ils sont fournis exclusivement par l'infanterie, il est avantageux de leur adjoindre *quelques cavaliers* pour la transmission rapide des renseignements et des ordres.

Les distances entre les différents échelons des avant-postes doivent être telles qu'ils se prêtent un mutuel appui, que leur retraite soit assurée, et que la troupe qu'ils couvrent ait le temps, en cas d'attaque, de prendre ses dispositions de combat. Ces distances varient suivant les circonstances et les terrains ; elles sont réduites pendant la nuit dans les pays fourrés, coupés ou montagneux.

En règle générale, la ligne des sentinelles ne doit pas être éloignée de moins de trois kilomètres du gros des troupes à couvrir, et dans beaucoups de cas elle peut être portée à quatre et même cinq kilomètres en avant du gros.

La durée du service aux avant-postes, en station, est habituellement de 24 heures ; le relèvement a lieu le matin aux heures fixées par le général commandant.

En cas de départ des troupes, les avant-postes prennent les armes et couvrent le corps principal jusqu'au moment où la pointe d'avant-garde a dépassé la ligne des sentinelles. Ils se rallient ensuite, et prennent la place qui leur est assignée dans la colonne.

Commandant des avant-postes.

Art. 167. — Le commandant des avant-postes relève directement du général de brigade, quand le service est fait par brigade. Lorsque les avant-postes sont une fraction de l'avant-garde ou de l'arrière-garde, il est sous les ordres du commandant de cette avant-garde ou arrière-garde.

Le commandant des avant-postes reçoit de son chef immédiat les indications générales sur la direction, l'étendue, les positions principales, les points d'appui de la ligne à occuper, sur l'emplacement de la troupe à couvrir, sur le temps nécessaire à celle-ci pour se préparer au combat, sur la situation des corps voisins et sur celle de l'ennemi.

Il installe lui-même, d'après ces instructions et à la suite d'une reconnaissance rapide du terrain, les grand'gardes et les petits postes, et détermine la ligne sur laquelle les sentinelles doivent être établies pour le jour et pour la nuit. Si les avant-postes sont déjà en position, il visite toute la ligne et prescrit les modifications qui lui paraissent nécessaires. Il fixe l'emplacement de la réserve des avant-postes, et s'établit auprès d'elle.

Il communique au général de brigade ou au commandant de l'avant-garde ou de l'arrière-garde tous les renseignements qui parviennent à sa connaissance, et lui envoie, après les avoir interrogés, les gens suspects, les prisonniers et les déserteurs. Le matin, il lui adresse un rapport après avoir reçu ceux des grand'gardes.

Le commandant des avant-postes est responsable de la sûreté des troupes qu'il est chargé de couvrir. Sa vigilance doit être de tous les instants. Il visite fréquemment ses grand'gardes, leur donne des instructions, reconnaît et fait reconnaître par les divers groupes le terrain sur lequel ils peuvent avoir à combattre. Il ordonne les changements pour le service de nuit, assez à temps pour que les chefs de détachements puissent s'orienter pendant le jour sur le terrain qu'ils occuperont ; mais il ne fait prendre les emplacements de nuit que lorsque l'obscurité permet de dérober les mouvements à l'ennemi.

Dans les cas urgents, il vérifie personnellement les renseignements reçus, adresse un rapport au général de brigade, ou lui envoie l'officier qui a fait la reconnaissance.

En cas d'attaque, il prévient les troupes en arrière, résiste énergiquement sur les positions qu'il a choisies, et ne se retire que lorsqu'il en reçoit l'ordre.

Les devoirs et la responsabilité des commandants de grand'garde et de petit poste sont analogues, dans la sphère d'action qui leur est attribuée, à ceux du commandant des avant-postes.

Devoirs des sentinelles.

Art. 168. — Les sentinelles doubles sont placées sur des points d'où elles puissent bien découvrir le terrain environnant et voir au loin.

En principe, deux groupes voisins de sentinelles doivent s'apercevoir réciproquement ; il est avantageux que chaque groupe découvre une portion du terrain observé par l'autre, de façon que personne ne puisse passer entre eux sans être vu.

Les sentinelles sont, autant que possible, dérobées à la vue de l'ennemi, mais cette condition ne doit jamais faire sacrifier celle de voir au loin. On évite de les placer près de lieux couverts où l'ennemi pourrait se glisser pour les surprendre.

Pendant la nuit, on peut les rapprocher des petits postes et les placer de préférence dans les lieux bas, pour mieux distinguer ce qui vient d'en haut ; elles doivent être rapprochées des points importants à surveiller, tels que chemins, ponts, carrefours, etc. Elles choisissent un point de repère bien apparent dans la direction de l'ennemi, pour éviter toute erreur d'orientation.

Les sentinelles sont relevées toutes les deux heures ou toutes les heures, selon la saison, mais toujours par moitié, afin qu'il y ait constamment dans chaque groupe un homme connaissant le terrain et les consignes. Autant que possible, on affecte les mêmes hommes aux mêmes emplacements ; ils s'y rendent directement en choisissant des chemins dérobés aux vues extérieures.

Les instructions et consignes de chaque groupe de sentinelles sont données par le chef du petit poste. Chaque sentinelle les transmet à celle qui la relève, avec les indications qu'elle a pu recueillir.

Les sentinelles sont attentives de l'œil et de l'oreille ; elles ne rendent pas d'honneurs, et ne se laissent pas distraire de leur surveillance par l'apparition d'un supérieur. Elles ne peuvent ni déposer leur sac, ni s'asseoir, ni se coucher. Elles ont toujours l'arme prête à faire feu, mais elles ne tirent que si elles aperçoivent distinctement l'ennemi. Dans ce cas, elles doivent tirer alors même que toute défense serait inutile, car le salut du petit poste peut dépendre de cet avertissement.

Les sentinelles font également feu sur quiconque cherche à franchir la ligne malgré leur avertissement.

Pendant le jour, elles laissent passer les officiers et les troupes pour lesquels elles ont reçu des ordres, ou qui appartiennent à la fraction de service aux avant-postes. La nuit, elles les reconnaissent comme les rondes ou patrouilles. Toute autre personne est arrêtée et conduite au petit poste.

Lorsque, pendant la nuit, une sentinelle entend quelqu'un s'approcher, elle crie : *Halte-là !* Si l'on ne s'arrête pas après qu'elle a crié une seconde fois, elle fait feu. Si l'on s'arrête, elle crie : *Qui vive !* et lorsqu'il lui a été répondu : *France, ronde ou patrouille !* elle crie : *Avance au ralliement !* Si le chef de la troupe ne s'avance pas seul, s'il ne donne pas le mot de ralliement ou ne fait pas le signal convenu, la sentinelle fait feu et se replie si c'est nécessaire. mais en combattant, et faisant un circuit pour éviter d'attirer directement l'ennemi sur le petit poste.

Le mot doit être donné à voix basse. En général, il faut éviter tout bruit et tout mouvement inutile sur la ligne des sentinelles. A cet effet, on peut substituer l'usage des signaux aux interpellations à la voix ; les sentinelles font alors les premières un signal, auquel il doit être répondu par un autre signal convenu.

Petits postes.

Art. 169. — Les petits postes sont établis en

arrière des groupes de sentinelles qu'ils fournissent, de manière à pouvoir communiquer facilement avec ceux-ci, ainsi qu'avec la grand'garde dont ils dépendent. Leur emplacement est, autant que possible, dérobé aux vues de l'ennemi.

Il y a dans chaque petit poste une sentinelle devant les armes, et, s'il est nécessaire, un ou plusieurs hommes chargés d'observer les sentinelles doubles et de répéter leurs signaux. Ils sont relevés d'heure en heure.

Pendant le jour, une patrouille est toujours tenue prête à marcher. Les hommes non de service peuvent se reposer, mais sans quitter leur équipement. La nuit, tout le monde veille.

Dans les petits postes, il est généralement interdit de fumer la nuit et d'allumer des feux. Les aliments des hommes sont préparés à la grand'garde.

Le chef du petit poste reçoit du commandant de la grand'garde les indications sur le service et la surveillance dont il est chargé, sur la conduite à tenir en cas d'attaque, sur l'emplacement des postes voisins, sur les nouvelles qu'on a de l'ennemi. Il pose ses sentinelles doubles, leur donne leurs consignes, les visite fréquemment, et les déplace s'il le juge nécessaire. Il informe le commandant de la grand'garde de tout ce qui se passe sur la ligne des sentinelles, lui transmet les renseignements recueillis, et lui envoie les personnes suspectes, les déserteurs ennemis et les prisonniers.

Lorsqu'un petit poste doit changer de position pour la nuit, il ne le fait qu'après que la grand'garde est établie sur son nouvel emplacement ; il fait ensuite relever les sentinelles.

On envoie quelquefois à la tombée de la nuit des postes isolés sur les chemins par lesquels l'ennemi peut se présenter. Ils annoncent son apparition au moyen de signaux convenus.

Il est souvent utile de placer des postes en vigie sur des points dominants, tels que clochers, mamelons, etc., pour observer le terrain plus au loin.

Grand'gardes.

Art. 170. — Les grand'gardes sont établies derrière le centre de la ligne des petits postes qu'elles fournissent, autant que possible, dans le voisinage d'un chemin et en dehors des vues de l'ennemi.

Une compagnie de grand'garde détache la moitié de son effectif en petits postes et sentinelles doubles. L'autre moitié, formant la *grand'garde proprement dite*, sert de soutien et fournit des rondes et des patrouilles.

Le quart de la grand'garde proprement dite reste de *piquet*, prêt à marcher au premier signal. Le piquet fournit une sentinelle devant les armes, et les hommes nécessaires pour observer les signaux des petits postes.

Le reste de la grand'garde bivouaque au repos ; les feux sont masqués du côté de l'ennemi, et l'on prépare du gazon ou de la terre mouillée pour les éteindre au premier ordre.

Le commandant de la grand'garde reçoit ses instructions du commandant des avant-postes, et lui transmet ses rapports. Il l'informe, ainsi que les commandants des grand'gardes voisines, des événements survenus sur la ligne des sentinelles.

Quand les grand'gardes ont été placées très près ou en vue de l'ennemi pendant le jour, il leur est assigné pour la nuit un poste plus en arrière ; elles en prennent possession à la chute du jour.

Toutes les grand'gardes placées sous les ordres d'un même commandant d'avant-postes sont numérotées à partir de la droite.

Réserve des avant-postes.

Art. 171. — La réserve des avant-postes est placée sur un point où l'on a intérêt à opposer la plus grande résistance, et où il est possible de la déployer dans toutes les directions. Elle est sous les ordres directs du commandant des avant-postes et fournit les patrouilles et reconnaissances qu'il ordonne, ainsi que les postes destinés à se tenir en liaison avec les grand'gardes ou à occuper certains points importants.

La réserve a une garde de police. Le reste de la troupe bivouaque comme les grand'gardes, ou cantonne si l'ordre en est donné. Les hommes se reposent, prêts à prendre les armes; personne ne doit s'éloigner.

Les distributions de toute nature sont faites à la réserve pour tous les avant-postes; les denrées destinées aux grand'gardes leur sont envoyées.

Les bagages des officiers de la réserve peuvent

être mis à leur disposition, mais les voitures sont chargées tous les soirs, les chevaux restent sellés ou harnachés pendant la nuit.

Toute batterie ou sonnerie est interdite, sauf en cas d'alerte.

Mot d'ordre aux avant-postes.

Art. 172. — Les mots d'ordre et de ralliement, ainsi que les signaux de reconnaissance destinés à les remplacer, sont donnés : au commandant des avant-postes, par le général de brigade quand le service est fait par brigade, ou par le commandant de l'avant-garde ou de l'arrière-garde ; aux commandants des grand'gardes, par le commandant des avant-postes ; aux chefs des petits postes, par les commandants des grand'gardes.

Autant que possible, chacun d'eux reçoit le mot avant de partir pour prendre possession de son poste.

Les chefs des petits postes donnent aux sentinelles le mot de ralliement et les signaux de reconnaissance.

Tout officier ou sous-officier, chef de ronde ou de patrouille, reçoit les mots d'ordre et de ralliement, ainsi que les signaux.

Si le mot d'ordre a été retardé, égaré ou surpris par l'ennemi, le commandant des avant-postes s'empresse d'en donner un autre qu'il fait connaître immédiatement aux postes voisins ainsi qu'aux officiers généraux (article 38).

Consignes.

Art. 173. — Les grand'gardes reçoivent des consignes spéciales aux motifs particuliers pour lesquels elles sont placées ; ces consignes sont données par le commandant des avant-postes, d'après les instructions qu'il a reçues du général de brigade.

Elles ont en tout temps une consigne qui leur est commune, et qui consiste :

A informer le commandant des avant-postes et les postes voisins de la marche et des mouvements de l'ennemi, ainsi que des attaques qu'elles ont à craindre ou qu'elles sont occupées à soutenir ;

A examiner et interroger les personnes passant près d'elles, et particulièrement celles qui viennent du dehors.

En principe, personne ne doit sortir des lignes sans autorisation. Les officiers et les détachements envoyés en mission, les militaires isolés et les personnes étrangères à l'armée, munis d'un laisser-passer ou d'un ordre délivré par l'autorité militaire, doivent se présenter au commandant de la grand'garde, qui les fait accompagner jusqu'à la ligne des sentinelles.

Les personnes isolées qui demandent à entrer dans les lignes sont arrêtées par les sentinelles, qui donnent avis au petit poste. Le chef du petit poste les fait conduire au commandant de la grand'garde ; celui-ci les interroge, les fait fouiller au besoin ; s'il a des doutes sur leur identité, il les envoie, sous escorte, au commandant des avant-postes. Il lui envoie de même les prisonniers faits sur l'ennemi, après les avoir interrogés.

Lorsque, pendant la nuit, une troupe ou un détachement se présente pour rentrer dans les lignes, les sentinelles l'arrêtent et préviennent le petit poste. Si la troupe n'a pas été annoncée, le chef du petit poste avertit le commandant de la grand'garde, qui vient la reconnaître en personne ou la fait reconnaître par un officier. Celui-ci ne la laisse passer que si son chef est porteur d'un ordre écrit, ou appartient au corps couvert par les avant-postes. Dans le cas contraire, il envoie le commandant, sous escorte, au commandant des avant-postes, fait tenir la troupe à distance, avertit les postes voisins de se tenir sur leurs gardes, et se prépare lui-même à combattre.

Quel que soit son grade, le chef de la troupe ainsi arrêtée est tenu de répondre à toutes les questions qui lui sont faites dans le but de constater son identité.

Les grand'gardes sont souvent chargées de la garde et de la direction des signaux que le commandement fait établir sur des points élevés; elles reçoivent à cet effet des instructions et des consignes spéciales.

Une heure avant le jour, les petits postes, les grand'gardes et la réserve d'avant-postes prennent les armes jusqu'à la rentrée des patrouilles et reconnaissances.

Pendant la nuit, les petits postes, la fraction de piquet des grand'gardes et la garde de police de la réserve prennent les armes pour les patrouilles, les rondes et tout ce qui s'approche d'elles; les sentinelles devant les armes reçoivent les consignes nécessaires à cet effet.

Les troupes aux avant-postes ne rendent pas d'honneurs.

Le commandant des avant-postes, les commandants des grand'gardes et les chefs des petits postes doivent communication de leurs consignes générales et spéciales aux généraux et officiers d'état-major du corps d'armée, de la division et de la brigade à laquelle ils appartiennent, ainsi qu'aux colonels et lieutenants-colonels de la brigade. Ils sont tenus de fournir à ces officiers tous les renseignements qu'ils sont à même de leur donner.

Indépendamment des avis immédiats qu'ils doivent transmettre sur tous les points importants, les commandants des grand'gardes adressent au commandant des avant-postes un rapport sur les événements de la nuit.

Parlementaires.

Art. 174. — Lorsqu'un parlementaire se présente, les sentinelles l'arrêtent en dehors des lignes, et le font tourner du côté opposé au poste et à l'armée. Le chef du petit poste vient le reconnaître, prend ses dépêches et les envoie au commandant de la grand'garde. Celui-ci en donne reçu et les fait parvenir sans retard au chef des troupes par l'intermédiaire du commandant des avant-postes.

Pour éviter toute indiscrétion, le chef du petit poste reste auprès du parlementaire ; à l'arrivée du reçu des dépêches, celui-ci est immédiatement congédié.

Si le parlementaire demande à être reçu par le commandant des troupes, le chef du petit poste lui fait bander les yeux ainsi qu'à son trompette, et les conduit au petit poste où ils attendent l'ordre d'introduction. *Cet ordre ne peut être donné que par le commandant des troupes lui-même.*

Tandis que le trompette reste au petit poste, le parlementaire est envoyé, les yeux bandés, à la grand'garde, d'où un officier le conduit à la réserve des avant-postes, puis au commandant des troupes. Il est ramené avec les mêmes précautions au poste où il s'est présenté.

Dans certains cas, le parlementaire doit être retenu temporairement; par exemple quand il a pu recueillir des renseignements ou surprendre des mouvements qu'il importe de tenir cachés à l'ennemi.

Toute conversation avec un parlementaire est rigoureusement interdite.

Déserteurs.

Art. 175. — Les sentinelles auxquelles se présentent des déserteurs ennemis leur ordonnent verbalement ou par signes de déposer leurs armes, et, s'ils sont à cheval, de mettre pied à terre et de dessangler leurs chevaux. Elles font feu sur eux s'ils n'obéissent pas.

Le chef du petit poste vient reconnaître les déserteurs et ne les laisse approcher que successivement.

Le commandant de la grand'garde, à qui ils sont amenés, les interroge sur tout ce qui peut concerner la sûreté de son poste, et les fait conduire sous escorte au commandant des avant-postes. Celui-ci les interroge de nouveau, et les dirige sur le quartier général de la brigade.

Rondes et patrouilles.

Art. 176. — Les rondes sont faites par un officier ou sous-officier accompagné de deux ou trois hommes armés.

Les rondes marchent à l'intérieur de la ligne des sentinelles, pour n'être pas aperçues du dehors. Le jour, les sentinelles les reconnaissent sans avoir besoin de les interpeller. La nuit, un des hommes s'approche et se fait reconnaître comme il a été dit à l'article 168.

Les patrouilles sont toujours composées d'au moins trois hommes commandés par un caporal, un sous-officier, au besoin par un officier. On choisit de préférence pour ce service des hommes intelligenst, adroits et capables de s'orienter sur un terrain inconnu.

Le commandant de la grand'garde règle le nombre, l'heure et l'itinéraire des rondes et patrouilles d'après la force de sa troupe, le caractère du terrain et les possibilités d'attaque. Il ne perd pas de vue que la sûreté de sa ligne dépend plutôt des patrouilles que du nombre des sentinelles.

Le chef d'un petit poste peut prescrire pendant le jour les patrouilles qu'il juge nécessaires.

Pour éviter les méprises de nuit, les petits postes et les sentinelles sont avertis des heures et lieux de sortie, ainsi que des heures et points probables de rentrée des patrouilles.

Les rondes et patrouilles marchent lentement et sans bruit, en faisant halte souvent pour écouter et s'orienter; elles observent avec soin le terrain qu'elles explorent.

En général, les petites patrouilles d'infanterie ne doivent pas, la nuit et en terrain coupé, s'avancer à plus d'un kilomètre de la ligne des sentinelles. Si les circonstances exigent qu'elles soient poussées plus loin, on augmente leur force et on leur adjoint quelques cavaliers.

Au point du jour, les patrouilles doivent être plus fréquentes et explorer le terrain plus au loin ; elles ne rentrent qu'au grand jour.

Les patrouilles évitent d'engager le combat et plus encore de se laisser couper ; pour cela, elles prennent un autre chemin au retour. Si elles rencontrent un détachement de force inférieure, elles se dissimulent et cherchent à l'attirer dans une embuscade. Si l'ennemi est en force, elles avertissent les petits postes en arrière et continuent à observer ; s'il attaque, elles se replient en combattant.

Tout chef de patrouille communique à ses hommes le mot de ralliement et les signaux, pour qu'ils puissent rentrer isolément dans les lignes si la patrouille est obligée de se disperser.

A sa rentrée, il rend compte de ce qu'il a observé au chef qui l'a envoyé. Tout renseignement important est transmis au commandant des avant-postes.

Quand les avant-postes doivent séjourner plusieurs jours sur un même terrain, l'heure de sortie et l'itinéraire des patrouilles sont changés chaque jour.

Les grandes patrouilles sont ordonnées par le commandant des avant-postes ; elles rentrent dans le service des reconnaissances.

Pose et relèvement des avant-postes.

Art. 177. — Lorsque des troupes en marche s'arrêtent à proximité de l'ennemi, le service des avant-postes est organisé dès que les avant-gardes ou arrière-gardes ont atteint les positions qui leur sont assignées pour la nuit.

Le commandant des avant-postes, après avoir reçu ses instructions, se rend sur le terrain à occuper, conduisant, ou précédant au besoin, les troupes désignées pour faire le service. Il envoie en avant des patrouilles pour recueillir des renseignements sur l'ennemi ou pour ne pas le perdre de vue. Sous leur protection, il reconnaît le terrain et détermine la ligne générale à occuper par les petits postes et sentinelles, ainsi que les emplacements des grand'gardes et de la réserve. Il veille à la protection des flancs en les appuyant à des accidents de terrain, en renforçant l'aile exposée, ou en se liant avec les avant-postes des autres colonnes.

Il prend ses dispositions et donne ses ordres le plus rapidement possible, sauf à les rectifier au besoin. Il transmet aux commandants des grand'-gardes et de la réserve, pendant qu'ils sont encore réunis, les renseignements qu'il possède sur la situation et sur l'ennemi, les consignes générales et spéciales, le mot et les signaux.

Les commandants des grand'gardes occupent la position qui leur est assignée, se font couvrir par des patrouilles et placent les petits postes et les sentinelles.

La réserve et les grand'gardes restent sous les armes jusqu'à ce que la ligne soit complètement organisée.

Le commandant des avant-postes la visite, prescrit les changements nécessaires, indique les mesures à prendre pour passer du service de jour au service de nuit, ou réciproquement, et rend compte au général de brigade ou au commandant de l'avant-garde ou de l'arrière-garde.

Quand les troupes stationnent, le relèvement des avant-postes a lieu à l'heure fixée par le général en chef, généralement le matin avant la pointe du jour.

Le commandant des avant-postes remet le service à l'officier qui le relève. Dans chaque grand'-garde, la garde montante se forme à côté de la garde descendante, leurs chefs se communiquent les consignes et autres renseignements; ils relèvent ensemble les petits postes et les sentinelles. Des patrouilles composées d'hommes des deux gardes, explorent le terrain pour que ceux de la nouvelle garde apprennent à le connaître. Tout le monde reste sous les armes jusqu'à ce que l'opération soit terminée.

Mise en mouvement des avant-postes.

Art. 178. — Les généraux et leurs chefs d'état-major peuvent seuls, en dépassant les avant-postes des troupes sous leurs ordres, les déplacer et les employer.

Conduite en cas d'attaque par l'ennemi.

Art. 179. — En général, le rôle des avant-postes de sûreté n'est pas de combattre, mais de gagner du temps. Ils ne doivent donc pas chercher le combat; mais, en cas d'attaque, le chef de toute fraction engagée est tenu de ne reculer devant aucun sacrifice pour donner aux troupes en arrière le temps de prendre leurs dispositions.

Dès qu'une grand'garde est attaquée ou menacée de l'être, elle avertit les postes voisins et le commandant des avant-postes. Selon la force de l'ennemi, la nature du terrain, ou les instructions reçues, elle marche au-devant de l'ennemi, résiste sur place ou se replie en combattant.

Le commandant des avant-postes fait prendre les armes, envoie des renforts aux grand'gardes attaquées, les recueille dans les positions qu'il a choisies à l'avance, et continue le combat. Il ne cesse la résistance que s'il en reçoit l'ordre.

Avant-postes irréguliers. — Postes de quatre hommes.

Art. 180. — Dans un terrain très couvert et très accidenté, il peut être nécessaire de multiplier les petits postes. On forme alors des postes de quatre hommes; chaque poste fournit une sentinelle simple, et les autres hommes se tiennent embusqués à quelques pas.

Le même système peut encore être employé lorsque des corps isolés ou des colonnes séparées par d'assez grands intervalles ne peuvent s'entourer d'un réseau régulier de troupes de sûreté, par exemple quand les avant-postes ne peuvent prendre position que la nuit ou quand il s'agit de garder un flanc peu protégé. On fait alors observer les voies de communication principales par des postes de quatre hommes, qui s'établissent dans le voisinage des chemins, assez loin du gros des troupes pour qu'elles puissent être averties à temps de l'arrivée de l'ennemi.

Quand deux colonnes sont trop éloignées pour que leurs avant-postes puissent être reliés directement, chaque commandant établit son réseau comme s'il était isolé. Le commandant du corps d'armée ou le commandant en chef pourvoit à la surveillance des intervalles, soit par des patrouilles, soit par des postes détachés.

CHAPITRE III.

Avant-postes de cavalerie.

Cavalerie du service d'exploration.

Art. 181. — Si les troupes sont en station pour plusieurs jours, et si la cavalerie d'exploration cesse elle-même d'être en mouvement, les escadrons qui forment le gros se couvrent d'une ligne d'avant-postes irréguliers, ou exceptionnellement d'une ligne d'avant-postes réguliers.

Si la cavalerie d'exploration doit au contraire reprendre sa marche dès le lendemain, le service des avant-postes est réduit, pendant la nuit surtout, au strict nécessaire. Quelques postes irréguliers sont placés aux carrefours des routes, près des ponts, des gués, etc., et couvrent le gros des escadrons.

Ceux-ci sont groupés et abrités, pour permettre aux hommes et aux chevaux de prendre le repos nécessaire. On choisit de préférence une ferme isolée, un hameau, un enclos, en s'assurant toujours d'une issue du côté opposé à l'ennemi. Quelques hommes veillent dans le cantonnement. En cas d'attaque, la cavalerie fait usage de ses armes à feu; devant des forces supérieures, elle se replie rapidement. Si cela est nécessaire, les escadrons se barricadent dans leur cantonnement, postent des hommes à pied près des points que l'ennemi peut aborder, et se mettent ainsi en mesure de braver les attaques d'une cavalerie supérieure en nombre.

Si les armées sont en contact et prêtes à livrer combat, la cavalerie d'exploration est dans les lignes ou sur les flancs de l'armée. Elle prend comme le reste de l'armée ses dispositions de combat; les brigades de première ligne pourvoient à leur sûreté par des avant-postes réguliers, comme il a été dit pour les brigades d'infanterie.

Cavalerie du service de sûreté.

Art. 182. — Si les troupes doivent rester plusieurs jours en station, la cavalerie forme, autant que son effectif le permet, une ligne d'avant-postes réguliers en avant des avant-postes d'infanterie. Lorsque le développement de cette ligne est trop considérable, on se contente de postes irréguliers dans les directions les moins menacées.

Si les troupes doivent se remettre en marche le lendemain, la cavalerie place pour la nuit des avant-postes irréguliers à une distance plus ou moins grande des avant-postes d'infanterie. Les cavaliers qui n'en font pas partie s'abritent et se barricadent dans des fermes ou des maisons. En cas d'attaque, ils se replient sur les avant-postes d'infanterie tout en évitant de gêner leur action.

Dans l'un et l'autre cas, les avant-postes de la cavalerie ont un commandant particulier, qui se tient en relation constante avec le commandant des avant-postes de l'infanterie.

Lorsque les forces des deux partis sont en présence et que la cavalerie de sûreté a été rappelée ou refoulée sur l'infanterie, elle se place en arrière ou sur le front et prend ses dispositions de combat; elle cesse alors de fournir des avant-postes particuliers et concourt au service d'avant-postes de l'infanterie.

Règles spéciales aux avant-postes de cavalerie.

Art. 483. — La disposition et l'effectif des avant-postes sont déterminés dans chaque cas particulier par le commandant de la cavalerie, d'après les instructions du commandant en chef, l'étude du terrain et les renseignements qu'il a sur l'ennemi. Il est impossible de formuler des règles précises. Plus encore que pour l'infanterie, il est essentiel de n'affecter au service des avant-postes que le minimum des forces, afin d'assurer à la plus grande partie de l'effectif un repos sans lequel toute troupe de cavalerie serait mise promptement hors d'état de rendre aucun service.

Les sentinelles des avant-postes de cavalerie portent le nom de *vedettes;* elles sont simples ou doubles.

Les vedettes sont à cheval, le fusil haut ou placé en travers de la selle, le revolver à portée de la main, les armes chargées. Elles sont relevées toutes les heures ou toutes les deux heures.

Les vedettes sont placées de façon à voir aussi loin que possible : tout doit être subordonné à cette condition. Pendant le jour, elles occupent les points élevés ; dans les pays boisés, on les place aux carrefours des routes, sur les lisières des bois ou des villages ; la nuit, elles se tiennent dans les bas-fonds.

Les avant-postes réguliers de la cavalerie sont composés des mêmes échelons que ceux de l'infanterie, mais avec des distances plus considérables entre les échelons. Toutefois les avant-postes d'un escadron isolé ne doivent pas être portés ordinairement à plus d'un kilomètre du gros.

L'officier chargé de l'établissement d'une grand'-garde place d'abord sa ligne de vedettes sur les points les plus favorables pour une bonne observation. L'emplacement des petits postes résulte de la disposition des vedettes ; celui de la grand'-garde, de la position des petits postes.

Habituellement la grand'garde est divisée en deux parties : une moitié fournit les petits postes et leurs vedettes ; l'autre moitié forme la grand'-garde proprement dite, et est chargée du service des rondes et patrouilles.

En station, le service des petits postes est de 24 heures ; on les relève d'ordinaire au point du jour.

Dans les petits postes et dans les grand'gardes, les chevaux ne sont jamais dessellés, on ne les débride que pour boire et manger. On les conduit par fractions à l'abreuvoir ; on les fait manger par moitié.

Le service des rondes et des petites patrouilles est réglé par le commandant des avant-postes. Les patrouilles de la cavalerie se portent le plus en avant possible ; elles sont mises en mouvement de préférence au point du jour.

Toutes les autres prescriptions concernant les avant-postes d'infanterie sont applicables à ceux de la cavalerie.

Avant-postes mixtes.

Art. 184. — Lorsque la cavalerie concourt avec l'infanterie au service d'une ligne unique d'avant-postes à faible distance de l'ennemi, elle fournit généralement en avant du front quelques vedettes et patrouilles, qui se replient sur les postes d'infanterie lorsqu'elles sont trop vivement pressées.

Elle peut également être chargée de former des grand'gardes sur les parties les plus découvertes du front, pour appuyer et recueillir les patrouilles.

Il est utile aussi, dans quelques circonstances, d'avoir des grand'gardes d'infanterie et de cavalerie combinées.

Ces grand'gardes ne font que le service de jour ; il y a presque toujours avantage, pour ménager la cavalerie, à les faire relever pour la nuit par de l'infanterie.

IIe PARTIE.

Des reconnaissances.

Définition des reconnaissances.

Art. 185. — Tout mouvement de troupes ayant pour objet de découvrir ou de vérifier un ou plusieurs points relatifs à la position, aux mouvements de l'ennemi ou à la topographie du théâtre de la guerre, est une reconnaissance.

On distingue trois sortes de reconnaissances; les reconnaissances *ordinaires*, les reconnaissances *spéciales* et les reconnaissances *offensives*.

CHAPITRE Ier.

Reconnaissances ordinaires.

Objet des reconnaissances ordinaires.

Art. 186. — L'objet des reconnaissances ordinaires est de s'assurer si, à la faveur de terrains couverts, coupés, montueux, ou d'autres circonstances propres à favoriser un mouvement offensif ou une embuscade, l'ennemi ne peut préparer une surprise ; si ses avant-postes n'ont été ni augmentés, ni mis en mouvement ; si, dans ses cantonnements ou bivouacs, il ne se passe rien qui annonce des préparatifs de marche ou d'action. Elles sont aussi destinées à faire connaître la configuration du terrain, les communications et les ressources du pays.

Lorsque la cavalerie du service d'exploration s'est repliée, et que l'armée est à une faible distance de l'ennemi, la sûreté des cantonnements, des bivouacs et des avant-postes exige des reconnaissances ordinaires.

Service des reconnaissances ordinaires.

Art. 187. — Le service des reconnaissances ordinaires est fait dans chaque brigade par les troupes de la réserve des avant-postes ; il est réglé par le général de division, ou par le général de brigade si la brigade est isolée ou placée en arrière de localités qui exigent des reconnaissances séparées.

Si l'armée a pris son ordre de combat, ce service est ordonné par le général commandant le corps d'armée ; il est fait suivant les lieux et les circonstances, par la cavalerie ou, dans chaque brigade d'infanterie, par des détachements pris dans les réserves des bataillons de première ligne, auxquels on adjoint la cavalerie nécessaire.

Composition des reconnaissances ordinaires.

Art. 188. — Les reconnaissances ordinaires doivent employer peu de monde. Elles se composent, suivant la nature du pays et la situation respective des forces opposées, d'infanterie ou de cavalerie, mais autant que possible de troupes des deux armes.

Leur fréquence, leur force et le moment de leur sortie dépendent principalement de la nature des localités, de la distance et de la position de l'ennemi.

En général, on doit ne pas les prodiguer, et surtout ne pas les recommencer aux mêmes heures, ni par la même route.

On peut les faire faire le soir, afin de s'assurer que l'ennemi n'est point en mouvement et ne s'établit pas à proximité dans quelque pli de terrain ou dans quelque bois.

La cavalerie est seule chargée des reconnaissances de plaine.

Les reconnaissances de lieux montueux et boisés se font par de l'infanterie, à laquelle on attache quelques cavaliers pour transmettre les nouvelles urgentes.

Quand la reconnaissance doit être conduite à travers un pays varié, on peut faire marcher conjointement les deux armes : la cavalerie peut ainsi, en plaine, protéger la retraite de l'infanterie, tandis que l'infanterie peut, en occupant un défilé ou un point culminant, protéger la retraite de la cavalerie.

Précautions à observer.

Art. 189. — Le commandant d'une reconnaissance ordinaire observe les indications ci-après : il place des postes ou des ordonnances échelonnés, afin de transmettre promptement les nouvelles aux grand'gardes, qui les font parvenir au commandant des avant-postes.

Les reconnaissances n'étant en quelque sorte que des grand'gardes mobiles, destinées non à combattre mais à voir et à observer, elles évitent de se compromettre et marchent avec précaution.

Elles sont précédées par une avant-garde d'une force proportionnée à la leur.

Des éclaireurs choisis parmi les cavaliers les mieux montés et les plus propres à ce genre de service, et autant que possible parlant la langue du pays, précèdent l'avant-garde et flanquent la reconnaissance ; ils doivent rarement s'écarter pendant le jour au point de perdre de vue leur détachement.

Ces éclaireurs se portent principalement sur les points culminants ; tandis que l'un y monte rapidement, l'autre s'arrête à mi-côte, afin de pouvoir, si le premier vient à être enlevé, préserver le détachement d'une surprise.

Avant le jour, l'avant-garde et les éclaireurs doivent être rapprochés ; on doit alors marcher lentement et en silence, s'arrêter souvent pour écouter, s'abstenir de fumer, et placer en arrière les chevaux qui hennissent.

Les reconnaissances ne doivent s'engager dans les villages, vallées, ravins, gorges ou bois, qu'après que les éclaireurs les ont exactement fouillés, qu'ils ont recueilli les renseignements nécessaires, et qu'ils ont pris au besoin des otages parmi les habitants ; elles remarquent les chemins en jonction avec celui qu'elles parcourent et ceux qui lui sont parallèles ; elles s'informent d'où partent ces chemins et où ils conduisent ; elles questionnent les habitants sur ce qui concerne l'ennemi ; elles font rester en arrière, sans exception, les individus qui marchent dans la même direction qu'elles, et arrêtent ceux qui leur paraissent suspects.

Les commandants de reconnaissance doivent noter les points les plus importants du terrain, ceux surtout qui peuvent leur être utiles en cas de retraite.

Souvent, afin de battre le plus de terrain possible et pour faire perdre à l'ennemi sa trace, l'officier qui commande une reconnaissance évite de suivre, au retour, le chemin par lequel il est parti ; dans ce cas il ne laisse sur ce chemin ni ordonnances, ni postes intermédiaires.

Rencontre de l'ennemi.

Art. 190. — Si l'on rencontre l'ennemi en mouvement, il faut l'observer et le suivre sans se laisser apercevoir, autant que possible ; le but étant de découvrir ses forces et ses projets, il ne faut le combattre que lorsqu'on y est forcé, et que, faute de pouvoir obtenir autrement les renseignements, on est dans la nécessité de faire des prisonniers.

Cependant, quand un corps ennemi marche sur le cantonnement ou le bivouac, le commandant de la reconnaissance ne doit pas hésiter à combattre, s'il a l'espoir de retarder sa marche sans trop se compromettre.

Indépendamment des ordonnances de choix qu'il a dû expédier pour avertir, le commandant annonce sa retraite et la marche de l'ennemi par un signal convenu.

CHAPITRE II.

Reconnaissances spéciales.

Objet des reconnaissances spéciales.

Art. 191. — Les reconnaissances spéciales ont généralement pour but :

1° D'apprécier les distances, l'état des chemins et les travaux qu'ils exigent, la configuration du terrain et les facilités ou les obstacles qu'il présente, afin de régler en conséquence la marche des colonnes et des différentes armes ;

2° D'explorer dans toutes leurs parties les positions à occuper successivement soit pour appuyer les attaques, soit pour se maintenir en cas de résistance ou d'offensive de la part de l'ennemi, soit pour assurer la retraite ;

3° De reconnaître l'emplacement et la force des postes principaux ou retranchés de l'ennemi, la configuration de ses positions, les défenses qu'il peut y avoir établies, la difficulté ou les moyens de les aborder ;

4° Enfin, d'évaluer, autant que possible, les forces de l'ennemi sur chaque point.

Exécution des reconnaissances spéciales.

Art. 192. — Toute reconnaissance spéciale est l'objet d'une instruction particulière du général qui l'ordonne.

L'officier chargé de la reconnaissance communique cette instruction au général de brigade dont les avant-postes doivent être dépassés. Cet officier général y ajoute les indications qu'une connaissance particulière des dispositions de l'ennemi et des localités peut le mettre à même de donner ; il confie à l'officier en reconnaissance les troupes nécessaires, ou les lui fait fournir par la réserve d'avant-postes.

S'il faut se porter sur un point culminant ou tout autre, pour en déloger les postes ennemis, l'officier chargé de la reconnaissance demande préalablement l'agrément du général de la brigade ; il ne peut rien entreprendre sans l'avoir obtenu.

CHAPITRE III.

Reconnaissances offensives.

Objet des reconnaissances offensives.

Art. 193. — Les reconnaissances offensives sont déterminées par le besoin de reconnaître, avec la plus grande précision possible, la position générale ou certains points de la position de l'ennemi, et d'apprécier exactement ses forces et ses moyens matériels de défense.

Elles préludent le plus souvent à des attaques réelles, même à des batailles, ou bien elles n'ont pour but que des démonstrations.

Dans tous les cas, elles exigent qu'on fasse replier les postes de l'ennemi, et quelquefois qu'on s'engage avec des corps de sa ligne, surtout lorsqu'il importe de le forcer à déployer toutes ses troupes.

Par qui ordonnées.

Art. 194. — Les reconnaissances offensives appartiennent aux combinaisons et aux opérations générales ; elles peuvent amener des résultats importants et autres que ceux qu'on se proposait. Le commandant en chef peut seul les ordonner.

Elles ne sont permises aux officiers généraux que dans les cas où ils agissent isolément et hors de tout concours, ou enfin dans les cas urgents où l'on ne doit pas hésiter à engager sa responsabilité.

CHAPITRE IV.

Rapports sur les reconnaissances.

Rapports.

Art. 195. — Toute reconnaissance exige un rapport écrit ; le style de ce rapport doit être clair, simple, positif ; l'officier qui le fait y distingue expressément ce qu'il a vu par lui-même, des récits dont il n'a pu vérifier personnellement l'exactitude.

Pour les reconnaissances spéciales et les reconnaissances offensives, il est fait, outre le rapport, un levé à vue des localités, des dispositions et défenses de l'ennemi.

TITRE X.

Instruction sommaire sur les combats.

Prescriptions générales.

Art. 196. — Les dispositions concernant la conduite des troupes pendant le combat, varient en raison du nombre et de l'espèce des troupes opposées, de leur moral au moment où l'on se trouve, de la nature de la guerre, de celle du terrain, de la capacité des chefs, et enfin de l'objet qu'on se propose ; on ne peut donc que donner des règles générales sur la manière d'employer les troupes pendant le combat.

Suivant les ordres reçus, l'avant-garde attaque l'ennemi ou le contient assez longtemps pour que le commandant du corps principal puisse prendre ses dispositions de combat.

Dans l'offensive, la cavalerie divisionnaire refoule les patrouilles de la cavalerie ennemie, s'étend sur le front et s'efforce de gagner les flancs de l'adversaire pour pénétrer ses projets ; des officiers sont envoyés pour reconnaître la position et les mouvements de l'ennemi. La cavalerie démasque le front dès que le combat peut être engagé par l'avant-garde.

L'artillerie de l'avant-garde prend position et commence le feu pour faciliter l'action de l'infanterie. L'infanterie de l'avant-garde se déploie et prend sa formation de combat sur l'un des côtés de l'artillerie. Elle culbute les premières troupes de l'adversaire, si elle n'a pu les enlever ou les couper de leur corps, ce qu'elle doit toujours tenter, et s'avance contre la position ennemie. Elle s'empare de tous les points qu'il importe d'occuper en vue du développement ultérieur du combat.

Dans la défensive, l'avant-garde prend position sur des points favorables, et se met en mesure de résister vigoureusement pour donner aux colonnes le temps de se déployer.

Dès que l'ennemi est signalé, le commandant en chef se porte à l'avant-garde et reçoit de l'officier qui la commande communication des renseignements recueillis ; s'il y a lieu, il fait compléter les reconnaissances pour être fixé sur la force, les dispositions et les intentions de l'adversaire, ainsi que sur la configuration du terrain. Il arrête ses dispositions en conséquence, et fait connaître, soit par écrit, soit de vive voix, aux officiers et aux chefs de service intéressés, le but à atteindre, la direction à suivre, la place et le rôle attribués à chacun d'eux.

Toutefois, les officiers généraux peuvent, s'ils y sont forcés par les circonstances, prendre, sous leur responsabilité, des dispositions de détail autres que celles prévues par le commandant en chef, *mais en agissant toujours en vue du plan général*. Ils rendent compte immédiatement des modifications qu'ils croient devoir apporter aux instructions du général en chef, et en préviennent les chefs des unités les plus voisines.

Le commandant en chef, les généraux et chefs

de corps ou de service, indiquent, avant le combat, le point sur lequel ils se tiendront de leur personne ; s'ils changent de place, ils laissent un officier ou un sous-officier au lieu qu'ils ont quitté pour indiquer la direction qu'ils ont prise.

Les troupes sont formées sur plusieurs lignes toutes les fois que leur nombre le permet. Si l'on ne peut former que deux lignes, on place quelques bataillons derrière les ailes de la seconde, car, dans tout dispositif de combat, les flancs qui ne sont pas protégés par des obstacles doivent être soutenus par des troupes échelonnées en arrière.

Les distances qui doivent séparer les lignes ne peuvent être déterminées d'une manière précise. Elles varient suivant la forme du terrain et les phases de l'action. Avec un espacement trop grand, l'arrivée des troupes qui sont en arrière peut être tardive et inefficace ; d'autre part, plus les lignes sont rapprochées, plus les troupes ont de tendance à s'engager prématurément, et moins elles peuvent s'opposer aux mouvements tournants de l'ennemi.

L'ensemble d'un ordre de bataille doit avoir pour objet une action concordante sur un des points de la ligne ennemie.

Dans toute opération, il faut chercher à prendre l'initiative et à réduire l'ennemi à la défensive ; dans ce but, on s'efforce de se procurer sur le point décisif la supériorité du nombre et celle du feu.

La défense a, comme l'attaque, son point important : c'est la clef de la position ; c'est sur ce point que doivent être concentrés tous les moyens de résistance ou d'action.

Dans toutes les dispositions, il est de principe de ne dévoiler ses projets que le plus tard possible et de les faire exécuter avec la plus grande énergie.

Les ailes et le centre de l'armée, les corps d'armée, les divisions et les brigades doivent se prêter un mutuel appui.

En principe, une troupe engagée n'est pas relevée, quand bien même elle viendrait à manquer momentanément de munitions.

Dès le commencement de l'action, les troupes non engagées se tiennent en dehors des routes pour laisser libres les communications.

Les convois sont arrêtés et disposés de façon à éviter l'encombrement ; dès qu'on prévoit l'éventualité d'une retraite, on les met en mouvement de manière qu'il y ait la plus grande distance possible entre eux et les troupes.

Les sections de munitions se rapprochent et prennent à proximité des lignes de combat des emplacements favorables.

Les ambulances sont établies sur des points de facile accès et autant que possible à proximité de l'eau.

La réserve principale est généralement placée en arrière des troupes qui doivent faire effort sur le point décisif. Son objet est d'achever la défaite de l'ennemi ou de faciliter la retraite.

Si un élément de la ligne de combat est retardé ou même arrêté dans sa marche, cet incident ne doit pas entraîner l'arrêt des éléments voisins.

L'artillerie engage le combat, couvre le déploiement des autres troupes, contrebat l'artillerie ennemie, prépare l'attaque décisive, concourt aux attaques et défenses des villages, des postes retranchés, des bois, etc. ; elle aide à la poursuite de l'ennemi battu, et enfin, s'il y a lieu, protège la retraite.

On la place sur les positions d'où elle peut le mieux remplir sa mission. Quelquefois on dispose des batteries en dehors des ailes pour prendre l'ennemi d'écharpe ; ce sont de préférence des batteries à cheval auxquelles on affecte une garde spéciale.

L'artillerie entre rapidement en action tout entière, et agit par la concentration de ses feux. Les batteries s'engagent par groupes aussi forts que possible.

Combat offensif.

Art. 197. — En raison de la puissance considérable des feux d'infanterie, les attaques de front, même fortement préparées par l'artillerie, peuvent ne pas réussir.

Presque toujours, l'attaque de front devra être combinée avec une attaque de flanc ; on évitera toutefois de se compromettre par des mouvements débordants trop étendus.

L'artillerie a pour premier objectif de faire taire, au moins en partie, le feu des pièces de l'ennemi. Dès que ce résultat paraît atteint, l'infanterie dessine son attaque. L'artillerie emploie alors une partie de ses pièces à préparer l'assaut, en couvrant de projectiles le point de la ligne ennemie que le commandant en chef a résolu de forcer.

Les troupes chargées de l'attaque s'avancent le

plus longtemps possible sans tirer. Les unités de seconde ligne se rapprochent de plus en plus de celles de la première ligne au fur et à mesure des progrès de la marche en avant, de manière à les appuyer de très près au moment décisif.

Lorsque le tir des pièces est gêné par les mouvements offensifs de l'infanterie, l'artillerie se rapproche résolument de l'ennemi, de manière à appuyer efficacement l'infanterie au moment de l'assaut. Cette marche en avant a le plus grand effet moral sur le combat ; pour l'effectuer, l'artillerie ne doit pas hésiter à quitter une bonne position, même pour en prendre une moins bonne.

Lorsque la position de l'ennemi est enlevée, quelques batteries s'y portent aussitôt pour donner à l'infanterie, désorganisée par le combat, l'appui dont elle a besoin contre les retours offensifs.

Si l'attaque ne réussit pas, l'infanterie se retire et se rallie sous la protection de l'artillerie.

Si l'ennemi s'est retiré sur une seconde position et qu'il faille recommencer la lutte, elle est reprise par les bataillons de 2e ligne, tandis que les bataillons de 1re ligne se reforment et deviennent bataillons de 2e ligne. Si, au contraire, l'ennemi bat définitivement en retraite, la cavalerie se lance à la poursuite.

Combat défensif.

Art. 198. — La défensive tire sa force principale des feux et de l'emploi judicieux du terrain.

Dans la défensive, il importe de tromper l'ennemi, le plus longtemps possible, sur la position choisie, sur les forces qui y sont concentrées, sur le développement de la ligne de bataille, et sur les points auxquels elle s'appuie.

L'infanterie de la ligne de bataille, formée d'après le terrain et la direction probable de l'attaque, se tient prête en arrière des positions qui lui sont assignées.

S'il existe en avant de la ligne principale de défense des obstacles (fermes, bois, etc.), pouvant être flanqués par elle et ayant de belles vues du côté de l'attaque probable, on les fait occuper.

Les bataillons ou compagnies qui sont affectés à leur défense ont pour mission de briser les premiers efforts de l'ennemi, en se défendant jusqu'au dernier homme.

Dans la défensive, il n'y a pas intérêt à disséminer les troupes ; c'est surtout par des feux d'ensemble que la défense doit agir.

Tant que l'attaque n'est pas prononcée, on n'occupe que d'une manière sommaire, avec de faibles forces, les points principaux de la ligne de défense. Quelques batteries sont placées sur les flancs.

L'artillerie de la défense est d'abord employée à répondre à celle de l'attaque ; mais dès que l'infanterie apparaît à bonne portée, une partie des pièces ouvrent le feu contre elle, afin de la forcer à prendre à grande distance la formation de combat si gênante pour la marche.

Lorsque la direction de l'attaque est bien dessinée, l'infanterie de 1re ligne de la défense se porte sur ses positions de combat, et les garnit avec la plus grande densité possible. Les 2e et 3e lignes se tiennent en arrière à des distances moindres que dans le combat offensif.

Enfin, lorsque l'attaque arrive à portée efficace des feux de mousqueterie, elle est soumise au feu le plus violent. Il faut à tout prix briser son élan. Toute l'artillerie disponible est employée à cette mission et s'y consacre jusqu'au dernier moment, dût-elle être anéantie.

C'est aussi pendant cette phase de combat que des contre-attaques énergiquement conduites doivent être exécutées par les troupes des ailes appartenant à la 2e ligne.

Si l'attaque est repoussée, la défense poursuit de ses feux l'ennemi en retraite.

Si elle réussit, le défenseur se retire en profitant de tous les obstacles du terrain pour arrêter la poursuite. Avec le secours de troupes fraîches, il peut tenter des retours offensifs qui ont chance de succès contre un assaillant épuisé et mis en désordre par la lutte.

Dans le cas où une position de soutien a été préparée et occupée, les troupes, en se retirant, doivent la démasquer le plus promptement possible.

Dans la retraite, chaque colonne se couvre par une arrière-garde qui profite de tous les obstacles du terrain pour contenir l'ennemi. Si cette arrière-garde est trop pressée, elle se retire par échelons. Les retours offensifs ne lui sont pas interdits, à la condition toutefois qu'ils ne pourront compromettre la troupe qu'elle a mission de couvrir.

Rôle de la cavalerie pendant le combat.

Art. 199. — Dès que la lutte est imminente, la cavalerie démasque le front de la ligne et se retire sur les ailes.

Pendant le combat, le commandant de la cavalerie, tout en se conformant aux instructions générales qu'il a reçues, ne doit laisser échapper aucune occasion de jouer un rôle efficace.

Il peut avoir à se porter sur les flancs ou sur les derrières de l'ennemi, à précéder et à appuyer toute manœuvre ayant pour but de déborder une aile, à s'opposer à une manœuvre analogue de l'adversaire ou du moins à la signaler, à combattre toute offensive de la cavalerie ennemie, à remplir provisoirement des vides sur la ligne de bataille, enfin à se porter au loin dans la direction que doivent suivre des corps ennemis dont on prévoit l'arrivée, et à retarder leur marche.

Une infanterie fatiguée par la lutte, une artillerie qui manœuvre, offriront toujours à la cavalerie l'occasion de charges heureuses, si elle est lancée à propos et à fond.

La cavalerie harcèle les troupes en retraite, rompt par le feu de son artillerie les dernières résistances et fait tous ses efforts pour changer la retraite en déroute. En aucun cas, elle ne doit perdre le contact de l'ennemi.

Si au contraire l'ennemi est victorieux, la cavalerie doit remplir un grand rôle de dévouement et de sacrifice, pour retarder et arrêter la poursuite.

L'artillerie à cheval qui l'accompagne prend pour objectif les troupes de l'ennemi de préférence à l'artillerie adverse.

Devoirs des officiers et sous-officiers pendant le combat.

Art. 200. — Pendant le combat, les officiers

et les sous-officiers s'emploient avec énergie au maintien de l'ordre et retiennent à leur place, par tous les moyens en leur pouvoir, les militaires sous leurs ordres ; *au besoin, ils forcent leur obéissance.* Ils ne souffrent pas que les soldats restent en arrière ou s'éloignent pour dépouiller les morts, pour escorter des prisonniers ni pour transporter les blessés, à moins d'une permission expresse qui ne peut être donnée qu'après la décision de l'affaire. Le premier intérêt comme le premier devoir *est d'assurer la victoire* qui, seule, peut garantir aux blessés les soins nécessaires.

Les officiers rappellent aux soldats que la générosité honore le courage : les prisonniers de guerre ne doivent jamais être insultés, maltraités, ni dépouillés ; chacun d'eux est traité avec les égards dus à son rang.

Le mode actuel de combat n'offre plus les moyens de discipline et de cohésion que le tact des coudes assurait dans l'ordre serré. On remédiera à cet inconvénient en exigeant des gradés la surveillance la plus active, l'attitude la plus énergique, et des soldats la soumission la plus absolue.

L'efficacité des feux et l'économie dans la consommation des munitions ne peuvent être obtenues que par une direction constante de la part des officiers et une stricte discipline de la part de la troupe.

Tous les médecins de l'armée sont responsables, chacun en ce qui le concerne, du service de santé. Ils réunissent les moyens de secours et de transport pour les blessés.

Dès que le combat commence, si aucun ordre du commandement ne leur est parvenu, ils organisent le service de leur propre initiative.

Après l'engagement, ils rendent compte aux officiers généraux du fonctionnement de leur service (évacués, restants, décédés, etc.).

Après la victoire et dès que les dispositions ont été prises en vue de la poursuite, le service de sûreté est commandé, les positions à occuper par les différents corps leur sont assignées, le chef d'état-major donne des ordres pour organiser les distributions, pour rechercher les blessés des deux armées et leur assurer les soins nécessaires, faire enterrer les morts après constatation de leur identité et assainir le champ de bataille.

Des corvées fournies par les corps ou requises dans la population et des moyens supplémentaires de transport peuvent être mis à la disposition des chefs de service.

Jusqu'à l'achèvement de ces opérations, un service de police, auquel concourt la gendarmerie, est organisé sur tout le champ de bataille.

Le commandant de l'artillerie fait recueillir le matériel, les armes, les munitions et les effets d'équipement restés sur le terrain.

Les prisonniers faits par les différents corps sont rassemblés, s'il y a lieu, et dirigés sur les dépôts désignés par le commandement.

Rapports ; mention à l'ordre et au bulletin.

Art. 201. — Les commandants de compagnie, d'escadron et de batterie, et tous les officiers supérieurs et généraux, jusqu'au commandant en chef, concourent, chacun en ce qui le concerne, au rapport écrit de la journée Les officiers signalent les hommes qui se sont distingués; par contre, les soldats qui auraient manqué à leur devoir sont toujours l'objet de rapports spéciaux.

Lorsqu'un militaire paraît avoir mérité une mention particulière pour sa belle conduite, pour avoir pris un drapeau, un canon, sauvé son général ou son chef, ou pour tout autre acte de dévouement, il devient l'objet d'un rapport d'après lequel le commandant en chef décide s'il doit être cité à l'ordre de l'armée, et de plus dans le bulletin des opérations; cette dernière mention ne peut être obtenue sans que la première ait eu lieu.

Ce rapport est rédigé et signé par l'officier supérieur ou autre, sous les yeux duquel le fait s'est passé, même quand il s'agit d'un officier sans troupe; il est vérifié avec soin par le général de brigade et par le général de division ; ces officiers généraux y consignent leur avis motivé, de manière qu'il soit bien constaté que la mise à l'ordre de l'armée et la mention au bulletin, ainsi que les récompenses qui doivent en résulter, ont été réellement méritées.

Enfin les bulletins ne contiennent d'éloges individuels, que si toutes ces formalités ont été exactement remplies ; le rapport de la journée, qui, souvent, doit être rédigé et envoyé sur-le-champ, ne renferme que des éloges généraux et le récit des opérations.

TITRE XI.

Des convois et de leur escorte.

Objet des convois ; composition de leur escorte.

Art. 202. — Les convois sont de différentes sortes ; ils ont pour objet le transport des munitions de guerre, de l'argent, des subsistances, des effets d'habillement et d'armement, des malades, etc.

La force et la composition de l'escorte d'un convoi doivent être calculées d'après la nature du convoi, son importance, les dangers qu'il peut avoir à courir, les localités à traverser, la longueur du trajet, etc.

L'escorte d'un convoi de poudre doit être plus nombreuse, afin de pouvoir mieux en éloigner le combat.

La cavalerie ne concourt à l'escorte des convois que dans la proportion nécessaire pour éclairer au loin la marche. Cette proportion est plus considérable dans un pays ouvert ; elle est moindre dans un pays coupé, montueux ou boisé.

On fait en sorte d'avoir toujours des pièces de rechange pour les voitures, telles que roues, timons, etc.

L'officier général chargé d'organiser et de mettre en route un convoi donne au commandant une instruction écrite très détaillée.

Autorité du commandant.

Art. 203. — L'officier commandant l'escorte d'un convoi a pleine autorité sur les troupes de toutes armes qui la composent, ainsi que sur les agents des transports et des équipages militaires.

Si le convoi ne se compose que de munitions de guerre, le commandement en appartient à l'officier d'artillerie, pourvu qu'il soit d'un grade supérieur ou même égal à celui du commandant de l'escorte. Dans tous les cas, le commandant de l'escorte défère, autant que la défense du convoi lui paraît le permettre, aux demandes de l'officier d'artillerie, en ce qui concerne les heures du départ, les haltes, la manière de parquer les voitures, l'ordre à y maintenir, et les sentinelles à placer pour les garantir d'accident.

Le commandant de l'escorte d'un convoi défère aussi, dans la limite du possible, aux observations des fonctionnaires de l'intendance ou des médecins, dans le cas où il s'agit de convois de subsistances ou de convois de blessés et de malades.

Les officiers étrangers à l'escorte qui marchent avec le convoi ne peuvent, quel que soit leur grade, y exercer aucune autorité, sans l'assentiment du commandant. Ce dernier dispose, dans l'intérêt du service, de tous les militaires présents qui lui sont égaux ou inférieurs en grade.

Division du convoi.

Art. 204. — Quand un convoi est considérable, il est essentiel de le partager en plusieurs divisions et de placer près de chacune le nombre d'agents nécessaire pour le maintenir dans l'ordre et veiller à ce que les voitures suivent à leur distance. Un petit détachement d'infanterie est affecté à chaque division, et s'il y a dans le convoi des voitures de réquisition, des soldats sont répartis de distance en distance pour en surveiller les conducteurs.

Les munitions de guerre sont habituellement en tête du convoi ; les voitures portant des subsistances marchent ensuite ; puis viennent celles qui sont chargées d'effets militaires.

Les voitures auxquelles les officiers ont droit forment une division séparée ; l'ordre de marche pour ces dernières est réglé d'après le rang des officiers auxquels elles appartiennent. Les voitures des vivandiers, cantiniers et marchands sont à la queue du convoi.

Toutes ces dispositions sont subordonnées aux projets présumés de l'ennemi ; les voitures dont la conservation importe le plus à l'armée doivent toujours marcher dans l'ordre le plus propre à les préserver du danger.

Il n'est jamais permis aux soldats de placer leur sac sur les voitures.

Renseignements et reconnaissances préalables.

Art. 205. — L'ordre et la marche d'un convoi sont réglés en raison de la proximité de l'ennemi, de la force et de l'espèce des troupes respectives, de la nature des lieux et de l'état des chemins.

Le commandant se fait donner sur ces différents objets des renseignements très détaillés, dont il vérifie l'exactitude par des reconnaissances poussées aussi loin qu'il est besoin. Il ne se met jamais en route qu'après avoir reçu le rapport de ces reconnaissances et donné en conséquence ses instructions aux troupes chargées de l'éclairer. La prudence doit présider à toutes ses dispositions.

Dispositions pour la marche et pour la défense.

Art. 206. — Le convoi a toujours une avant-garde et une arrière-garde ; le commandant concentre le gros de l'escorte sous ses ordres immédiats, au point le plus important, ne laissant aux autres points que de petites fractions ou seulement des gardes.

Dans les terrains entièrement découverts, le corps principal marche sur les côtés de la route, à hauteur du centre du convoi, ou bien entre deux divisions du convoi ; dans les autres circonstances, il marche, soit à la tête, soit à la queue, selon que l'une ou l'autre est plus exposée aux attaques de l'ennemi.

L'avant-garde part assez à l'avance pour aplanir les obstacles qui retarderaient la marche du convoi ; elle fouille les bois, les villages et les défilés ; elle se lie avec le convoi par des cavaliers chargés de transmettre au commandant les renseignements qu'elle recueille et de recevoir ses ordres ; elle reconnaît le terrain propre aux haltes et à l'établissement des parcs.

Si l'on craint pour la tête de la colonne, l'avant-garde s'empare de tous les défilés et de toutes les positions où l'ennemi pourrait opposer des obstacles ou des troupes. Le corps principal, qui suit alors de plus près l'avant-garde, la remplace dans ces positions et n'en repart que lorsque la tête du convoi l'a rejoint ; il y laisse, s'il en est besoin, quelques troupes qui sont relevées successivement par les petites fractions restées à l'escorte des voitures. La position n'est abandonnée entièrement que quand la totalité du convoi l'a dépassée, ou plus tard encore, si le commandant le juge convenable.

Des règles analogues sont suivies lorsque les derrières du convoi sont menacés; l'arrière-garde est alors chargée de rompre les ponts, de barricader et détériorer les chemins, et d'opposer à l'ennemi le plus d'obstacles possible. Elle se lie au convoi par des cavaliers.

Si les flancs sont menacés, si, en même temps, le terrain est peu accessible, entrecoupé, s'il y a plusieurs défilés à passer, la défense du convoi est plus difficile. On ne doit avoir alors que peu de monde à l'avant-garde et à l'arrière-garde ; les positions qui peuvent couvrir la marche sont occupées par le corps principal, avant que la tête soit parvenue à la hauteur de ces positions et jusqu'à ce que le convoi soit entièrement au delà.

Si le convoi est considérable et si l'on doit passer par des endroits que la force et la proximité de l'ennemi rendent dangereux, il est quelquefois nécessaire, de crainte qu'il ne se trouve compromis en totalité, d'en faire partir les divisions séparément et à intervalle, pour ne les réunir qu'après le passage effectué.

Dans ce cas, la majeure partie des troupes marche avec la première division ; les positions dont elle s'empare sont couvertes par des tirailleurs et des éclaireurs, et, au besoin, par des petits postes. Ces positions ne sont abandonnées que lorsque la totalité du convoi a passé.

Si le convoi a du canon, le commandant en dispose comme l'indiquent les localités et les circonstances.

Si une voiture se casse, elle est tirée hors de la route; quand elle est réparée, elle prend la queue du convoi; si la réparation est impossible, son chargement est réparti sur les autres voitures, ses chevaux fournissent du renfort aux attelages qui en ont besoin.

Les convois par eau sont escortés d'après les mêmes principes; chaque bateau reçoit un petit poste d'infanterie; une partie de la troupe précède ou suit le convoi sur des bateaux particuliers; la cavalerie qui marche à la hauteur du convoi, l'avant-garde et l'arrière-garde, qui font également route par terre, se lient aux bateaux par des flanqueurs et leur font passer les avis qui les intéressent. Lorsque les rivières coulent entre des montagnes très rapprochées, la majeure partie de l'infanterie doit suivre par terre pour empêcher l'ennemi de s'établir sur les hauteurs et d'inquiéter le convoi.

Haltes; parcs.

Art. 207. — D'heure en heure, on s'arrête pendant quelques instants pour laisser reprendre haleine aux attelages et donner le temps aux dernières voitures de serrer à leur distance. Il n'est fait que très rarement de grand'haltes, et seulement dans des lieux reconnus à l'avance et favorables à la défense du convoi. Les villages environnants sont fouillés ainsi que les terrains qui pourraient servir à cacher l'ennemi. Les chevaux ne sont pas dételés; on se garde militairement.

La nuit on parque de manière à se défendre contre une attaque ouverte ou à se garder d'une surprise, et de préférence loin des lieux habités, si le pays qu'on traverse est ennemi ou mal disposé.

Pour parquer, les voitures sont habituellement placées sur plusieurs rangs, essieu contre essieu, les timons dans une même direction ; on laisse entre chaque rang une rue assez large pour que les chevaux puissent y circuler aisément.

Si l'on craint une attaque, le parc est formé en carré, les roues de derrière tournées vers l'extérieur, les chevaux dans l'intérieur du carré.

Au départ du convoi, chaque division ne bride qu'au moment où elle est prête à suivre le mouvement de la division qui la précède.

Défense d'un convoi.

Art. 208. — Dès que le commandant est averti de la présence de l'ennemi, il fait serrer le plus possible les files des voitures et continue sa marche dans le plus grand ordre. Ordinairement il évite les occasions de combattre ; cependant, si l'ennemi l'a devancé dans un défilé ou sur une position qui domine la route, il l'attaque vigoureusement avec une grande partie de sa troupe, mais il ne s'abandonne point à la poursuite, afin de ne jamais s'éloigner du convoi et de ne pas donner dans le piège d'une feinte retraite. Le convoi, qui a dû s'arrêter, ne reprend sa marche qu'après que la position a été enlevée.

Quand le commandant du convoi s'est assuré que les forces de l'ennemi sont trop supérieures aux siennes, il se décide à parquer ; le parc est formé hors de la route et en carré, dans l'ordre indiqué à l'article précédent.

Lorsqu'il n'est pas possible de sortir de la route, les voitures doublent les files ou occupent les deux côtés de la route; chaque voiture serre sur la précédente, le plus possible, le timon placé en dedans de la route, mais obliquement; en tête et à la queue du convoi, des voitures sont mises en travers pour fermer le passage.

Les conducteurs des voitures sont à pied, à la tête de leurs chevaux, pour mieux en être maîtres. Les conducteurs et les domestiques qui voudraient fuir sont à la disposition absolue des officiers et des sous-officiers.

Les tirailleurs tiennent le plus longtemps possible l'ennemi loin du convoi ; s'il devient nécessaire de les soutenir, le commandant y pourvoit, mais avec la plus grande circonspection, parce qu'il est essentiel qu'il conserve réuni le plus de monde possible pour le moment où l'ennemi fera ses plus grands efforts.

Dans le cas où le feu prend au convoi, il faut, s'il est parqué, s'occuper d'éloigner les voitures enflammées, ou, si on ne le peut, les voitures de munitions d'abord, puis celles qui se trouvent sous le vent. Sur une route, on renverse dans le fossé les voitures en combustion, après en avoir ôté les attelages qu'on répartit ainsi qu'il a été dit.

On essaye de faire filer un certain nombre de ces voitures, si la tournure que prend le combat rend ce moyen extrême nécessaire et si la nature du pays ou la proximité d'un poste en favorise l'exécution. Quelquefois le commandant abandonne à l'ennemi une partie du convoi pour sauver l'autre; dans ce cas il laisse de préférence les voitures chargées de vin ou d'eau-de-vie, et ne sacrifie les munitions de guerre qu'à la dernière extrémité.

Lorsqu'après une défense opiniâtre et la perte de la majeure partie de sa troupe, le commandant se sent trop faible pour résister plus longtemps, et s'il ne peut espérer aucun secours, il fait mettre le feu au convoi, puis il tente par une action vigoureuse de se frayer une issue et d'emmener ses chevaux d'attelage ; il les tue plutôt que de les abandonner à l'ennemi.

La défense d'un convoi de prisonniers de guerre présente des difficultés particulières : a-t-on à s'arrêter pour résister à l'ennemi, il faut les obliger à se tenir couchés avec menace de tirer sur eux, s'ils veulent se relever avant d'en avoir reçu l'ordre. Dans tout autre cas, il faut presser leur marche, atteindre un village et les y enfermer dans une église ou dans un grand bâtiment dont on défend les approches.

TITRE XII.

Des détachements.

Réunion des détachements.

Art. 209. — Quand il a été jugé à propos de former un corps de troupes avec des détachements pris dans différents régiments, le chef d'état-major réunit ou fait réunir ces détachements et remet à l'officier désigné pour en prendre le commandement les instructions du général.

Quand les détachements se réunissent par brigade, le général de brigade charge du rassemblement un des officiers supérieurs de jour.

Composition des détachements.

Art. 210. — Les détachements sont, autant que possible, composés de fractions constituées, telles que bataillons, escadrons, compagnies, pelotons, sections, etc.

Pour fournir les détachements, un tour de service est établi entre les régiments d'une brigade, les bataillons, escadrons ou batteries d'un régiment, et les compagnies d'un bataillon.

Les officiers, sous-officiers et soldats faisant partie d'une fraction constituée, commandée pour un détachement, marchent avec cette fraction; s'ils sont employés à un autre service au moment où le détachement est formé, ils doivent être relevés de ce service, s'ils peuvent être rentrés au cantonnement ou bivouac avant le départ du détachement.

Un chef de bataillon peut marcher avec la moitié de son bataillon, ou avec un détachement équivalent à un demi-bataillon, et même avec une force moindre, si sa présence est jugée nécessaire. De même, tout officier peut marcher avec une partie plus ou moins forte de la fraction qu'il commande habituellement.

Tout officier supérieur qui marche en détachement est accompagné d'un adjudant-major.

Un détachement composé de fractions prises dans différents régiments doit, autant que possible, être commandé par un officier supérieur en grade aux officiers de ces fractions.

Rang des détachements et des officiers qui en font partie.

Art. 211. — Le rang des régiments dans les brigades et des brigades dans les divisions est conservé dans les détachements.

Tout détachement dont le chef n'a pas été désigné est commandé par l'officier le plus élevé en grade ; à grade égal par le plus ancien dans le grade actuel ; à parité d'ancienneté, par le plus ancien dans le grade précédent.

Cette règle est applicable aux détachements et aux cantonnements comprenant des troupes de différentes armes ; la supériorité ou l'ancienneté de grade détermine seule les droits au commandement.

Si, dans un détachement formé de fractions de plusieurs corps, la fraction d'un régiment vient à manquer d'officier, le commandement de cette fraction est donné à un officier d'un autre régiment, mais autant que possible de la même brigade.

Rencontre de plusieurs détachements.

Art. 212. — Si plusieurs détachements se rencontrent dans un lieu où il n'y a pas d'autres troupes établies, le commandement est réglé entre eux, pour le temps qu'ils sont réunis, comme s'ils ne formaient qu'un seul et même détachement ; néanmoins, le commandant d'un détachement ne peut empêcher l'autre de se rendre à sa destination et d'exécuter les ordres qu'il a reçus.

Quand un détachement entre dans un poste occupé par d'autres troupes, l'officier qui commande le détachement est, pendant tout le temps qu'il s'y arrête, tenu de déférer aux réquisitions du commandant du poste, quand même ce dernier lui serait inférieur en grade. Le commandant du poste ne peut, sous quelque prétexte que ce soit, y retenir le détachement.

Ordre de marche dans les détachements mixtes.

Art. 213. — Les détachements observent, en marche, les précautions et l'ordre prescrits, pour les corps, au titre *des marches*.

Si le détachement est composé d'infanterie et de cavalerie, les deux armes sont disposées suivant les circonstances et le terrain, de manière à ne pas se gêner réciproquement et à pouvoir se prêter un mutuel appui.

Quand le commandant d'un détachement n'a pas reçu le mot d'ordre, il en donne un à sa troupe pour le service de nuit.

Autorité des commandants de détachement et comptes à rendre.

Art. 214. — Les commandants de détachement ont la même autorité que les chefs de corps pour la police, la discipline et le service des troupes sous leurs ordres. Les demandes en cassation sont adressées au chef de corps.

Ils sont responsables du bon ordre dans les marches, bivouacs ou cantonnements, de l'établissement ainsi que de la sûreté de la troupe, et, jusqu'à un certain point, du résultat des combats qu'ils peuvent avoir à livrer ou à soutenir.

Ils sont autorisés à se retrancher au besoin, en se servant de tous les moyens que les localités peuvent leur fournir ; ils doivent éviter les dégradations qui ne sont pas indispensables.

A la rentrée d'un détachement, le commandant rend compte au général de division, si c'est un détachement de division ; au général de brigade, si c'est un détachement de brigade ; au colonel, si c'est un détachement de régiment, et ainsi de suite. Dans tous les cas, les commandants de détachement rendent compte à leur chef immédiat de ce qui intéresse la police, la discipline et l'administration.

TITRE XIII.

Des partisans.

Objet et composition des détachements de partisans.

Art. 215. — Le général en chef peut seul constituer des détachements isolés destinés à agir en partisans.

La composition et la force de ces détachements sont fixées en raison de l'objet qu'ils ont à remplir, des difficultés qu'ils peuvent avoir à surmonter, de l'espace qu'ils ont à parcourir et du temps présumé de l'expédition.

Leur destination est d'éclairer au loin les flancs de l'armée, de protéger ses opérations, de tromper l'ennemi, de l'inquiéter sur ses communications, d'intercepter ses courriers et ses correspondances, de menacer ou de détruire ses magasins, d'enlever ses postes ainsi que ses convois, ou tout au moins de retarder sa marche en le forçant à protéger les uns et les autres par de forts détachements.

En même temps que ces détachements isolés

fatiguent l'ennemi et gênent ses opérations, ils ne négligent aucun moyen pour inspirer la confiance et le dévouement en pays ami, et, en pays ennemi, pour maintenir les habitants dans la crainte et la soumission.

Ils répandent, selon les circonstances, des nouvelles propres à rassurer ou à inquiéter ; ils paraissent inopinément sur divers points, de manière qu'on ne puisse ni apprécier leur force, ni juger s'ils sont des corps isolés ou des corps d'avant-garde.

De telles opérations comprennent toutes celles de la petite guerre ; elles exigent vigilance, secret, énergie et promptitude. Obligé, pour échapper à des dangers de toute espèce, de suppléer au nombre par la ruse et l'audace, l'officier envoyé en partisan doit avoir l'expérience de la guerre et le caractère nécessaire pour prendre des déterminations soudaines et les exécuter avec adresse et vigueur.

Les détachements envoyés en partisans se composent quelquefois de troupes de différentes armes, mais ce genre de service appartient plus particulièrement à la cavalerie légère, qui, par des marches rapides, peut se porter avec célérité sur un point éloigné, y surprendre l'ennemi, l'attaquer à l'improviste et se retirer avant d'être compromise.

Précautions à observer.

Art. 246. — L'officier envoyé en partisan marche le plus souvent la nuit, et se repose le jour dans des lieux couverts ; il s'entoure de petits postes, de sentinelles et de vedettes ; il en porte au loin, aux débouchés par lesquels on peut arriver sur lui. Il maintient la plus exacte discipline dans sa troupe, et veille à ce que la conduite des militaires sous ses ordres leur concilie l'esprit des habitants ; il ne néglige rien pour se rendre ces derniers favorables ; il se procure, soit par ses intelligences avec ceux-ci, soit par des agents secrets, tous les renseignements qu'il lui importe d'obtenir.

Il évite les villes et les villages, cherche de préférence les vallons sinueux, les bois, les fermes isolées, avec des issues commodes. Forcé de traverser des lieux habités, il les fait fouiller avec soin ; obligé d'y prendre des vivres et des fourrages, il se les fait apporter au dehors, et les commande souvent pour un nombre d'hommes et de chevaux supérieur à celui de sa troupe ; contraint d'y séjourner, il envoie des espions, et, s'il en est besoin, il prend en otage les notables du lieu ; il charge spécialement des postes et vedettes d'empêcher les habitants de communiquer au dehors.

Il prend toutes les précautions nécessaires pour cacher à l'ennemi sa proximité, ou tout au moins sa position et ses desseins ; lorsqu'il doit le combattre, il l'attaque vivement, sans lui donner le temps de reconnaître sa troupe ni d'en apprécier la force ; il ne continue pas les engagements dont le succès paraît douteux ou qui l'éloigneraient de son but ; il change souvent et subitement de direction.

Quand un officier envoyé en partisan est chargé de dresser une embuscade, il dérobe soigneusement sa marche et ses projets; il s'assure de la force de l'ennemi, de l'espèce de ses troupes, de leur emplacement, de la position de leurs postes et vedettes, enfin des chemins par où l'on peut arriver sur lui. Les temps de pluie, de brouillard, de grande chaleur, la nuit surtout, sont favorables aux embuscades. Lorsque l'ennemi se garde mal, elles ont lieu de préférence à la pointe du jour.

La prudence exige qu'un officier envoyé en partisan confie, à celui qui aurait le commandement après lui, les ordres et les renseignements qu'il a reçus.

Guides et espions.

Art. 247. — Les partisans sont obligés de faire souvent usage de guides et quelquefois d'espions.

Le choix des guides doit porter sur des hommes intelligents, et particulièrement sur des chasseurs, des braconniers, des bergers, des charbonniers, des bûcherons, des gardes champêtres ou forestiers.

Il est prudent d'en prendre plusieurs, de les questionner séparément, et de les confronter ensuite, si les renseignements qu'ils donnent diffèrent les uns des autres.

Quand on n'a qu'un guide, on le fait marcher à l'avant-garde, entre deux hommes chargés de le surveiller et, au besoin, d'user contre lui de rigueur; quelquefois même on l'attache.

Les contrebandiers et les colporteurs sont particulièrement propres à servir d'espions; quelquefois on leur adjoint, pour les surveiller eux-mêmes, un homme intelligent et sûr qui parle la langue du pays.

Attaque d'un convoi.

Art. 218. — L'attaque d'un convoi a lieu de préférence dans les haltes, lorsqu'il commence à parquer, quand les attelages sont à l'abreuvoir, lorsque le convoi se trouve au passage d'un bois, d'un défilé, d'un point de route sinueux, d'un pont, ou dans une montée difficile.

Un détachement destiné à l'attaque d'un convoi est principalement composé de cavalerie; il est utile d'y joindre de l'infanterie pour assurer le succès.

Le premier soin de l'officier chargé de cette opération est de dissiper l'escorte; une partie de son détachement attaque le gros de la troupe ennemie, une autre les voitures, une troisième est en réserve; les tirailleurs se dispersent sur les côtés de la route et cherchent à couper les traits des chevaux. On tâche de se rendre maître des premières et des dernières voitures, et de les mettre en travers pour empêcher les autres d'avancer ou de rétrograder.

Si le convoi est parqué, la cavalerie l'entoure, harcèle l'escorte et cherche à l'éloigner du parc. L'infanterie combat alors les troupes qui sont restées à la défense du convoi, se glisse sous les voitures et pénètre dans l'intérieur du parc. Quand la cavalerie est seule et que l'ennemi commence à être ébranlé, un certain nombre de cavaliers mettent pied à terre et suppléent à l'infanterie.

Si le convoi est considérable, on dirige l'attaque sur plusieurs points à la fois, afin de forcer l'escorte à se morceler; on attaque aussi de préférence les voitures chargées des objets les plus importants. Après le succès, ces voitures sont renforcées d'attelage, et celles qui ne peuvent être emmenées sont brûlées.

Prises.

Art. 219. — Les prises faites par les partisans leur appartiennent, lorsqu'il a été reconnu qu'elles ne se composent que d'objets enlevés à l'ennemi ; elles sont estimées et vendues par les soins du chef d'état-major et de l'intendant ou du sous-intendant, au quartier du général qui a ordonné l'expédition, et, autant que possible, en présence d'officiers et de sous-officiers du corps de partisans.

Si la troupe n'est pas rentrée, les fonds sont versés chez le payeur pour être distribués à qui de droit.

Quand les prises sont envoyées dans une place, le commandant de cette place supplée le chef d'état-major.

Les armes, les munitions de guerre ou de bouche, ne sont jamais partagées ni vendues ; et le général en chef détermine l'indemnité à allouer à ceux qui les ont prises.

Les officiers supérieurs ont chacun cinq parts ; les capitaines, quatre ; les lieutenants et les sous-lieutenants, trois ; les sous-officiers, deux ; les caporaux, brigadiers et soldats, une ; le commandant de l'expédition en a six en sus de celles que lui donne son grade.

Quand, dans une prise, il se trouve des chevaux ou d'autres objets appartenant aux habitants, ils leurs sont rendus.

Les chevaux enlevés à l'ennemi sont remis au

service de la remonte, qui les paye d'après le tarif arrêté par le commandant en chef ou les fait vendre aux enchères s'ils sont impropres au service. Le prix en est distribué aux hommes qui les ont pris.

Les officiers de la troupe qui a enlevé les chevaux et ceux qui ont pris part à l'action sont autorisés à se remonter les premiers, aux prix fixés par les tarifs.

Les chevaux amenés par les déserteurs sont également remis au service de la remonte, qui en dispose au service de l'Etat.

Ces diverses dispositions s'appliquent à tout détachement isolé qui fait une prise.

TITRE XIV.

Service de la gendarmerie aux armées.

Attributions générales.

Art. 220. — Indépendamment du service que la gendarmerie est appelée à faire pour la direction et la surveillance des équipages, elle remplit à l'armée des fonctions analogues à celles qu'elle exerce dans l'intérieur. La recherche et la constatation des crimes, délits et contraventions, la rédaction des procès-verbaux, la poursuite et l'arrestation des coupables, la police, le maintien de l'ordre, sont de sa compétence et constituent ses devoirs.

Elle n'est employée au service d'escorte et d'estafette que dans le cas de la plus absolue nécessité.

Les officiers et les hommes de troupe sont tenus de déférer aux réquisitions de la gendarmerie, lorsqu'elle croit avoir besoin d'appui.

Inspecteur général des prévôtés des armées, grand prévôt, prévôts et officiers de la force publique.

Art. 221. — Lorsque plusieurs armées sont réunies sous un même commandement, le service de la prévôté au grand quartier général prend la dénomination *d'inspection générale des prévôtés des armées*; il est dirigé par un général de division ou de brigade, qui a le titre *d'inspecteur général*.

Le commandant de la gendarmerie d'une armée est appelé *grand prévôt*; le commandant de la gendarmerie d'un corps d'armée est appelé *prévôt*; celui d'une division, *commandant de la force publique de la division*; et celui d'une direction d'étapes, *prévôt d'étapes*.

Attributions spéciales.

Art. 222. — L'inspecteur général des prévôtés exerce sa juridiction sur tout le territoire occupé par les armées; il dirige et surveille le service des prévôtés.

Les attributions du grand prévôt embrassent tout ce qui est relatif aux crimes, délits et contraventions commis dans l'arrondissement de l'armée. Son devoir est surtout de protéger les habitants du pays contre le pillage ou toute autre violence.

Les prévôts et les commandants de la force publique ont les mêmes attributions, dans l'arrondissement de leur corps d'armée ou de leur division.

Tout militaire ou employé à l'armée, qui a connaissance d'un crime ou délit, doit en donner sur-le-champ avis à un officier de gendarmerie ou à tout autre militaire de cette arme; il est tenu de répondre catégoriquement aux questions qui lui sont adressées par eux.

Dès qu'ils ont connaissance d'un crime ou délit, le grand prévôt, le prévôt, ou les militaires de la gendarmerie ayant qualité d'officier de police judiciaire, commencent les informations nécessaires, conformément aux prescriptions du Code de justice militaire.

Les officiers de gendarmerie font procéder à la recherche et à l'arrestation des prévenus, et les font conduire devant le général commandant la fraction de l'armée à laquelle ils appartiennent, à moins que l'infraction ne soit de leur compétence.

Ils donnent aux commissaires du gouvernement et au rapporteur près les conseils de guerre tous les documents que ceux-ci demandent et qu'ils peuvent leur procurer. Ils sont tenus de déférer à la réquisition de comparaître comme témoins, quand elle leur est faite régulièrement.

Ils visitent fréquemment les lieux qu'ils jugent avoir plus besoin de surveillance.

Garde et escorte des prévôts.

Art. 223. — L'inspecteur général des prévôtés des armées et le grand prévôt ont une garde à leur logement; dans les marches et dans leurs tournées, chacun d'eux est escorté par deux brigades de gendarmerie.

Le prévôt et le commandant de la force publique de la division sont accompagnés, dans les mêmes cas, du nombre de gendarmes nécessaire pour assurer l'exécution de leur service.

Individus non militaires.

Art. 224. — La gendarmerie a dans ses attributions spéciales la police relative aux individus non militaires, aux marchands, aux vivandiers et aux domestiques qui suivent l'armée.

En conséquence, les généraux et les fonctionnaires de l'armée qui ont à leur suite des secrétaires, des interprètes, etc., sont tenus d'en faire connaître les noms, prénoms, lieux de naissance et signalements, soit au grand prévôt, soit au prévôt, soit au commandant de la force publique de la division ou du détachement.

Ces officiers sont chargés de recevoir et d'examiner les demandes des personnes qui désirent exercer une profession quelconque à la suite de l'armée; ils accordent des permissions et délivrent des patentes à celles qui justifient de leur bonne conduite et qui offrent toutes les garanties pour le genre d'industrie auquel elles veulent se livrer.

Le grand prévôt et les prévôts n'accordent de patentes que pour les quartiers généraux auxquels ils sont attachés. Ces patentes sont soumises au visa des chefs d'état-major, qui les font inscrire sur un registre.

Les commandants de la force publique des divisions ou détachements délivrent, sous l'approbation du chef d'état-major et avec son visa, des patentes aux vivandiers, marchands et industriels des divisions ou des brigades; ils les font viser par le prévôt du corps d'armée.

Ces permissions et ces patentes doivent être l'objet d'un examen sévère de la part de la gendarmerie; elle se les fait présenter fréquemment, et s'assure de l'identité des individus qui en sont détenteurs. Cette mesure est de la plus haute importance pour empêcher et réprimer l'espionnage.

Indépendamment de leurs patentes, les marchands autorisés et les vivandiers reçoivent une plaque portant l'exergue : *marchand* ou *vivandier* et le numéro de leur patente.

Il sont tenus de porter cette plaque d'une manière ostensible, et d'en avoir à leur voiture une autre portant leur nom, le numéro de leur patente et l'indication de la fraction qu'ils sont autorisés à suivre.

Les chefs d'état-major exigent que les comestibles et les liquides dont les marchands et les vivandiers doivent être pourvus soient toujours de bonne qualité et en quantité suffisante; ils en fixent les prix.

La gendarmerie s'assure que ces prescriptions sont exécutées. Elle fait souvent des perquisitions dans les voitures des marchands et des vivandiers, et empêche qu'elles ne servent à transporter d'autres objets que ceux qu'elles doivent contenir.

Cantinières des corps de troupe.

Art. 225. — Les cantinières des corps de troupe reçoivent leurs patentes du conseil d'administration et sont tenues de les faire viser par le commandant de la force publique de la division ou du détachement.

La gendarmerie peut se faire présenter ces patentes. Les chefs de bataillon, les adjudants-majors et les adjudants sont chargés envers les cantiniers des corps de la surveillance prescrite par l'article précédent à l'égard des marchands et vivandiers.

Un médecin et un pharmacien sont chargés d'apprécier la qualité des liquides et comestibles débités.

Art. 226. — Dans chaque corps d'armée, un médecin et un pharmacien militaires sont chargés de faire inopinément des tournées générales ou partielles pour apprécier la qualité des liquides et des comestibles débités par les marchands, les vivandiers et les cantiniers. Pour ces tournées, ils sont assistés d'un maréchal des logis ou d'un brigadier de gendarmerie avec deux gendarmes.

Délits, contraventions et amendes.

Art. 227. — Les prévôts prononcent, dans les limites de leur juridiction fixées par le Code de justice militaire, sur les infractions et les demandes de dommages et intérêts qui sont de leur compétence.

Indépendamment de ces peines et de celles prononcées par les conseils de guerre dans les cas prévus par le Code de justice militaire, le grand prévôt prive pour un temps les délinquants de leur patente, et peut, en cas de récidive, les renvoyer de l'armée. Il en rend compte au chef d'état-major.

Les officiers et les sous-officiers de gendarmerie vérifient souvent les poids et mesures. Ils confisquent, conformément aux lois, ceux qui ne sont pas étalonnés.

Domestiques.

Art. 228. — Les domestiques des officiers, des employés de l'armée, des vivandiers et des marchands autorisés, sont tenus d'avoir une attestation de la personne qui les emploie indiquant qu'ils sont à son service. Cette attestation est visée dans les corps par les colonels, dans les états-majors et les administrations par les prévôts. Les domestiques la présentent toutes les fois qu'ils en sont requis.

Il est défendu de prendre à l'armée un domestique s'il n'est porteur d'un titre attestant qu'il est définitivement libéré du service.

Un domestique qui, pendant la campagne, abandonne la personne qui l'emploie, est réputé vagabond et arrêté comme tel.

Prisons.

Art. 229. — Des prisons destinées à recevoir les militaires de tout grade, les gens sans aveu ou suspects, etc., sont établies dans les quartiers généraux, par les soins des prévôts ou des commandants de la force publique. Elles sont sous l'autorité de ces officiers et sous la surveillance des commandants des quartiers généraux.

Militaires arrêtés ou en désertion.

Art. 230. — La gendarmerie reconduit à leur corps les militaires qu'elle arrête, à moins que l'inculpation élevée contre eux ne soit de la compétence des conseils de guerre.

Dans ce cas, les pièces de conviction sont remises au chef d'état-major, qui prend les ordres du général pour faire informer.

Le signalement des déserteurs et des prisonniers évadés est envoyé dans les 24 heures, au plus tard, au prévôt ou au commandant de la force publique de la division, qui prend les mesures nécessaires pour leur arrestation.

Déserteurs ennemis.

Art. 231. — Les déserteurs ennemis sont dirigés sur le quartier général le plus voisin. Leurs armes sont remises au service de l'artillerie, leurs équipements à l'intendance, leurs chevaux au service de la remonte.

La gendarmerie assure l'exécution de ces mesures à l'égard des déserteurs qui lui sont amenés.

Fonctions de la gendarmerie dans les marches.

Art. 232. — Dans les marches, la gendarmerie suit les colonnes, arrête les pillards et fait rejoindre les traînards.

Voitures du pays.

Art. 233. — Aucun militaire, aucun employé de l'armée, ne peut, sans autorisation régulière et légale, requérir ni voitures, ni chevaux. En cas d'infraction, la gendarmerie dresse procès-verbal; elle est chargée de recevoir les plaintes des propriétaires, tant sur cet objet que sur tout autre, et d'y donner suite s'il y a lieu.

Chasse; jeux; femmes de mauvaise vie.

Art. 234. — A la guerre, la chasse est défendue aux militaires de tout grade.

Les jeux de hasard sont interdits. Les militaires qui se livrent à ces jeux sont punis sévèrement; ceux qui les tiennent, s'ils ne sont pas militaires, sont chassés de l'armée.

La gendarmerie dresse procès-verbal de ces infractions.

Elle écarte de l'armée les femmes de mauvaise vie.

Chevaux d'inconnus et chevaux volés.

Art. 235. — Il est défendu d'acheter des chevaux de personnes inconnues.

Les chevaux que l'on trouve sont conduits au prévôt qui les verse au service de la remonte. Ils peuvent être rendus à leur propriétaire, s'il les réclame.

Rapports des prévôts.

Art. 236. — Indépendamment des rapports que les officiers de gendarmerie doivent à leurs chefs hiérarchiques sur tous les objets de leur service, ils en font journellement un aux généraux commandant les corps de troupes auxquels ils sont attachés. Ils les informent surtout des ordres qui leur parviennent en ce qui concerne la police.

Ils reçoivent des ordres des généraux et des chefs d'état-major pour le service journalier ; ils leur rendent compte de l'exécution de ces ordres.

Dans une brigade détachée, le commandant de la gendarmerie remplit les mêmes devoirs envers le général de brigade.

Le grand prévôt transmet, en y joignant ses propres instructions, les ordres qu'il reçoit, aux prévôts et aux autres officiers de gendarmerie.

Les uns et les autres sont tenus de les exécuter, et d'en informer le chef d'état-major du corps d'armée ou de la division.

Le grand prévôt rend compte chaque jour au commandant en chef et prend ses ordres. Tous les huit jours, et plus souvent s'il y a lieu, il présente un rapport général sur son service au chef d'état-major général, qui le soumet au général en chef.

L'inspecteur général des prévôtés a les mêmes obligations envers le général commandant en chef les armées et envers le major général.

TITRE XV.

Des sauvegardes.

Par qui fournies.

Art. 237. — Les hommes employés au service des sauvegardes sont pris de préférence dans la gendarmerie de l'armée.

Par qui sont établies les sauvegardes.

Art. 238. — Les généraux, dès qu'ils arrivent dans les cantonnements, s'empressent de donner des sauvegardes aux hôpitaux, aux établissements publics, aux pensionnats, aux communautés religieuses, aux ministres des cultes, aux moulins et aux établissements publics ou particuliers qu'il est dans l'intérêt de l'armée de faire respecter.

Un général ne peut établir de sauvegardes que dans l'étendue de son commandement.

Remplacement des sauvegardes.

Art. 239. — Il est pourvu au remplacement des sauvegardes par les troupes qui succèdent à celles qui les ont fournies.

Si le pays est évacué, les sauvegardes sont rappelées.

Lorsque, par exception, on leur donne l'ordre d'attendre l'arrivée des troupes de l'ennemi, elles s'adressent à l'officier qui commande ces troupes pour être reconduites aux avants-postes.

Concours des habitants.

Art. 240. — Les sauvegardes emploient, si cela est nécessaire, des gens du pays pour les seconder. Le pays est responsable des violences qu'elles pourraient éprouver de la part des habitants.

Rétributions.

Art. 241. — Les généraux donnent aux sauvegardes un ordre scellé de leur cachet et portant autorisation de toucher une rétribution fixée par eux selon les circonstances.

Les hommes employés en sauvegardes sont habituellement nourris par les administrations ou les particuliers auprès desquels ils sont placés.

Police des sauvegardes.

Art. 242. — Le grand prévôt est chargé de la surveillance et de la police générale des sauvegardes; elles lui obéissent, ainsi qu'aux officiers et aux sous-officiers de gendarmerie.

Sauvegardes écrites.

Art. 243. — Il est aussi donné des sauvegardes écrites ou imprimées, signées du général en chef, contresignées du chef de l'état-major et portant le cachet de l'état-major général.

Les sauvegardes de ce genre, présentées aux troupes, doivent être respectées comme une sentinelle; elles sont numérotées et enregistrées.

Impression du titre des sauvegardes.

Art. 244. — Le présent titre des sauvegardes,

imprimé sur feuilles volantes, est distribué à tous les hommes employés en sauvegardes; il est lu plusieurs fois aux troupes pendant la campagne.

TITRE XVI.

De l'attaque des places.

CHAPITRE Ier.

Conduite des sièges.

Art. 245. — Le siège en règle d'une place est caractérisé par l'emploi de travaux d'approche qui se développent méthodiquement sous l'appui de l'artillerie, et conduisent l'assaillant à couvert jusqu'à la fortification.

Marche générale des opérations.

Art. 246. — Les opérations d'un siège embrassent deux périodes, *l'une de préparation, l'autre d'exécution*.

La première période comprend les opérations suivantes :

Investissement, reconnaissance de la place, établissement des parcs et dépôts de l'artillerie et du génie, construction des batteries de première position, ouverture du feu.

La deuxième période comprend les travaux de siège proprement dits, savoir :

Exécution des cheminements, construction des batteries de deuxième position, continuation des approches, assaut.

Investissement et opérations préliminaires.

Art. 247. — L'investissement des petites places ou des forts isolés s'opère généralement par des mouvements simultanés.

Les troupes d'investissement, débouchant par des routes différentes, enveloppent simultanément toutes les positions de la défense.

Au contraire, devant les grandes places à forts détachés dont la garnison est nombreuse, on peut être obligé d'opérer l'investissement par *efforts successifs*. Les diverses fractions du corps d'investissement s'étendent progressivement autour de la place, sous la protection des troupes déjà en position.

Dès que l'assaillant est parvenu à s'emparer du terrain sur lequel doit être développée la ligne d'investissement, il s'y fortifie et prend toutes les dispositions nécessaires pour repousser les sorties.

La zone occupée par le corps d'investissement est divisée en *secteurs*.

Dans chaque secteur il y a des troupes de première ligne et des réserves; ces troupes alternent entre elles pour le service, mais il y a un avantage sérieux à faire occuper chaque secteur par les mêmes troupes pendant toute la durée de l'investissement.

Indépendamment des réserves de secteur, il sera presque toujours formé une ou plusieurs *réserves générales* postées à proximité des secteurs les plus menacés.

Dans chaque secteur, le gros des troupes de première ligne est établi hors de la portée efficace de l'artillerie des ouvrages les plus avancés, un peu en arrière des positions sur lesquelles les troupes d'investissement devraient combattre pour repousser les sorties. Il est couvert par une ligne d'avant-postes organisée d'après les principes développés au titre IX du présent règlement.

Les positions sur lesquelles les troupes d'investissement devraient combattre pour repousser les sorties sont renforcées progressivement à l'aide des ressources de la fortification de campagne.

Les réserves sont placées en arrière et à proximité des positions de résistance principale et toutes les mesures sont prises pour leur permettre de s'y porter rapidement.

L'artillerie du corps d'investissement n'a pas à engager la lutte avec les ouvrages de la défense; son objectif principal est de repousser les sorties. Les batteries sont placées de manière à enfiler les routes venant de la place, et à couvrir de projectiles le terrain sur lequel les troupes de la garnison peuvent avoir intérêt à se déployer.

L'armée d'investissement est couverte du côté de l'extérieur par les opérations des armées en campagne.

Les parcs de l'artillerie et du génie sont établis hors des vues et de la portée du canon de la place. Entre ces parcs et la zone des travaux d'approche, on crée au besoin des *dépôts intermédiaires* qui reçoivent les munitions, outils et matériaux nécessaires pour le service journalier. Ces dépôts doivent être défilés aux vues et bien gardés.

Immédiatement en arrière de la queue des cheminements, on établit des *dépôts de tranchée* où les travailleurs se rassemblent et reçoivent les matériaux et les outils. Ils sont masqués aux vues de la place par le terrain ou par des épaulements.

Reconnaissance de la place. — Choix du point d'attaque. — Etablissement du projet d'attaque.

Art. 248. — Aussitôt après l'arrivée du corps d'investissement, les commandants de l'artillerie et du génie font la reconnaissance de la place et du terrain extérieur. Ils examinent en commun les opérations à entreprendre, et soumettent leurs propositions au commandant du siège, qui arrête le point ou les points d'attaque, et charge généralement le commandant du génie de rédiger le projet d'attaque.

Commencement des attaques. — Ouverture du feu.

Art. 249. — Lorsqu'on est maître de la zone de terrain dans laquelle devront être placées *les batteries de première position*, on procède à la construction de ces batteries. Leur distance aux ouvrages de la place varie de 2,000 à 4,000 mètres. Elles ouvrent leur feu simultanément. Le tir, une fois commencé, doit être continué sans interruption; les approvisionnements sont faits en conséquence.

Sous la protection de ces batteries, les troupes assaillantes gagnent du terrain et se fortifient sur les positions successivement conquises.

Ouverture de la première parallèle et des tranchées d'attaque.

Art. 250. — Lorsque l'assaillant est contraint par le feu des ouvrages à suspendre sa marche de vive force, il a recours à l'exécution méthodique des cheminements en tranchée. Ces cheminements, dont le tracé d'ensemble est compris dans le projet d'attaque, ont pour point de départ et pour base une tranchée qui porte le nom de *première parallèle*.

Le plus souvent, l'emplacement de la première parallèle aura été occupé par les avant-postes pendant le mouvement offensif qui a coïncidé avec l'ouverture du feu.

L'ouverture de la parallèle consiste alors dans la construction des portions de tranchée nécessaires pour relier entre eux les logements amorcés par les avant-postes. Selon les circonstances et le degré de vigilance de la garnison, on procède par parties successives ou par opération unique.

Devant une garnison peu active, on peut brusquer l'établissement de la première parallèle, en l'exécutant d'emblée sur un terrain non occupé préalablement par les avant-postes.

La parallèle doit être appuyée à ses extrémités; elle est tracée de manière à protéger et à déborder par ses ailes les cheminements qui seront faits en avant d'elle; elle se relie par des communications couvertes avec les dépôts de tranchée et les positions en arrière.

Batteries de deuxième position.

Art. 251. — Les batteries de deuxième position ont pour objet de compléter par un tir soutenu et précis les résultats préparés par le feu des batteries de première position; elles doivent réduire et maintenir au silence toutes les pièces de la défense ayant action sur les attaques; elles cherchent en outre à détruire le flanquement bas des fossés, et à ouvrir des brèches aux escarpes.

Ces batteries sont établies immédiatement après la première parallèle et sous sa protection.

Travaux d'approche.

Art. 252. — Sous l'appui des batteries de siège et des tireurs d'infanterie postés dans les tranchées, les travaux d'approche, protégés de distance en distance par de nouvelles parallèles ou *places d'armes*, sont poursuivis jusqu'à la crête des glacis ou au bord des fossés.

Les cheminements s'exécutent de nuit, à moins que la défense ne manque de vigilance et d'énergie ; pendant le jour, on ne peut le plus souvent qu'élargir les tranchées, perfectionner les travaux et réunir les approvisionnements.

Pendant la nuit, des fractions des troupes de garde sont portées en avant des travailleurs ; elles se couvrent par des tranchées-abris ou des trous de tirailleurs qui peuvent être utilisés pour les cheminements ultérieurs. Avant le jour, ces troupes rentrent dans les tranchées.

Lorsque des ouvrages attaqués sont défendus par un système de contre-mines, on peut être conduit à subordonner la marche des cheminements à celle d'une lutte souterraine par laquelle l'assaillant s'efforce de prendre ou de détruire les galeries de l'assiégé.

Brèches et assauts.

Art. 253. — Il peut arriver que le feu des batteries de première et de deuxième position ait suffisamment désorganisé les ouvrages attaqués pour rendre l'assaut possible. Dans ce cas, on doit le tenter.

Mais si la fortification est bien construite et la défense bien dirigée, les destructions nécessaires pour le succès de l'assaut n'auront pu être exécutées de loin. On devra procéder alors à une nouvelle série d'opérations : enlèvement des chemins couverts, de vive force ou pied à pied ; couronnement de la crête des glacis ; exécution des descentes de fossés ; établissement de nouvelles batteries de brèche ou destruction de l'escarpe par la mine ; après quoi l'assaut sera donné.

Attaque d'une grande place à forts détachés.

Art. 254. — Lorsque la place est protégée par des ouvrages détachés, permanents ou improvisés, les attaques sont dirigées contre un ou plusieurs d'entre eux conformément aux principes précédemment exposés.

Après la prise ou la chute de ces ouvrages, la position conquise devient la base d'une nouvelle attaque, dont le premier objet est l'enlèvement des lignes de défense organisées en arrière, et au besoin la prise des forts collatéraux auxquels ces lignes sont appuyées.

Ces obstacles emportés, il reste à conquérir par une dernière attaque le corps de place ou la position qui sert de réduit à la garnison.

Occupation de la place.

Art. 255. — Le commandant du siège désigne à l'avance des détachements spécialement destinés, dès l'entrée des troupes dans la place, à protéger les personnes et les propriétés, à empêcher partout le pillage et la violence. Les infracteurs sont traduits devant les tribunaux militaires et jugés comme voleurs à main armée.

Le service de l'artillerie prend possession du matériel et des établissements placés dans ses attributions ; il désarme et démolit les batteries du siège et réorganise l'armement de la place.

Le service du génie prend possession des bâtiments militaires et du matériel qui le concerne, fait détruire les ouvrages de l'attaque, rétablir les communications et remettre la place en état de défense.

Les services administratifs prennent possession des approvisionnements. Les payeurs de l'armée prennent possession des caisses publiques.

Le commandant du siège nomme un gouverneur et désigne les troupes qui formeront la garnison.

CHAPITRE II.

Service des troupes dans les sièges.

Composition de l'armée de siège. — Personnel spécial.

Art. 256. — En règle générale, un siège ne doit être entrepris que s'il est protégé par les opérations des armées de campagne contre les tentatives éventuelles de l'ennemi.

Une *armée* ou un *corps de siège* est chargé de l'exécution des attaques.

Sa force en infanterie est déterminée par l'importance de la place. Pour l'opération de l'investissement, une cavalerie nombreuse est nécessaire. Elle peut être réduite lorsque l'armée de siège est solidement assise dans ses positions.

Dans une armée ou un corps de siège, l'artillerie de campagne figure dans les proportions ordinaires. On y attache en outre des batteries de forteresse, des détachements d'ouvriers et d'artificiers, des compagnies de pontonniers et du train, en nombre variable suivant le développement des attaques et la configuration du terrain.

Il est constitué un *parc de siège* pourvu d'un personnel spécial. Un état-major d'artillerie est attaché au corps de siège et chargé de la direction des travaux de l'arme.

L'effectif des troupes du génie est déterminé d'après l'importance présumée des travaux. Un état-major spécial du génie est attaché au corps de siège ; un officier supérieur est désigné pour commander le parc.

Il est pourvu par des désignations spéciales au commandement du corps ou de l'armée de siège, ainsi qu'au commandement de l'artillerie et du génie de ce corps ou de cette armée. Tout général de division commandant un corps ou une armée de siège a le rang et les pouvoirs d'un commandant d'armée ou d'un commandant de corps d'armée opérant isolément.

Equipages de siège.

Art. 257. — Les équipages de siège de l'artillerie et du génie sont constitués dès le temps de paix et tenus prêts dans des places de dépôt situées sur des lignes de chemins de fer.

Lorsqu'un siège est résolu, les équipages nécessaires sont dirigés par les voies ferrées sur les localités choisies pour recevoir les parcs ou sur la station de chemin de fer la plus voisine. Dans ce dernier cas, le transport s'achève par les voies de terre et d'eau ; la formation et la protection des convois sont assurées par les soins du commandant du siège.

Pendant la durée du siège, les parcs sont alimentés et renforcés, s'il y a lieu, d'après les mêmes règles.

Les matériaux n'entrant pas dans la composition des équipages (fascinages, blindages, etc.), sont confectionnés ou réquisitionnés sur place par les troupes du corps de siège.

Bases du service de l'artillerie et du génie dans les sièges. — Plan directeur des attaques.

Art. 258. — Le projet général du siège, rédigé conformément aux prescriptions de l'article 248, est examiné en commun par les commandants de l'artillerie et du génie. Ces deux officiers soumettent leur avis concordant ou leurs opinions divergentes au général commandant, qui prononce, arrête le projet, après l'avoir modifié s'il le juge à propos, et donne les ordres d'exécution. On procède de même pendant le cours du siège pour les modifications à apporter au plan d'attaque primitif.

Il est établi par les soins du commandant du génie un *plan directeur des attaques*, sur lequel sont rapportés, au fur et à mesure de leur avancement, les travaux de toute nature entrepris et poursuivis pendant le cours du siège. On consigne également sur ce plan les renseignements obtenus chaque jour sur les ouvrages et travaux de l'ennemi.

Il n'est pris copie ou extrait du plan directeur qu'avec l'autorisation du commandant du siège. Toutefois, les deux services de l'artillerie et du génie se donnent mutuellement, et donnent aux officiers généraux de service au siège, tous les renseignements qui peuvent intéresser la marche des attaques.

L'exécution journalière du projet de siège est confiée, dans chaque attaque, à des officiers d'artillerie et du génie sous la direction des commandants des deux armes, et sous l'autorité des généraux ou colonels de tranchée.

Du service de tranchée.

Art. 259. — Toutes les opérations qui se rattachent au blocus et à l'investissement appartiennent à la guerre de campagne et sont exécutées conformément aux prescriptions générales du présent règlement.

Avec les opérations du siège proprement dit, commence pour les états-majors et les troupes un service spécial, qui porte le nom de *service de tranchée*.

Le général commandant le corps ou l'armée de siège désigne parmi les troupes sous ses ordres celles qui doivent concourir à l'exécution de ce service.

Dans les sièges des grandes places à forts détachés, chaque attaque est généralement confiée aux troupes qui occuperont le secteur correspondant de l'investissement. Ces troupes sont renforcées, s'il est nécessaire, par celles des secteurs voisins et de la réserve générale.

Les troupes des autres secteurs, trop éloignées des attaques pour pouvoir y participer utilement, sont chargées de la garde de leurs lignes, de la confection du matériel de siège, des fausses attaques et des démonstrations, des réquisitions et des détachements à l'extérieur.

Devant les petites places et les forts isolés dont la ligne d'investissement est peu étendue, toutes les troupes du corps de siège peuvent être appelées à tour de rôle au service de tranchée.

Généraux et colonels de tranchée.

Art. 260. — Il est commandé chaque jour et pour chacune des attaques un *général de tranchée*; les généraux commandant les brigades d'infanterie désignées pour concourir à une attaque roulent entre eux pour ce service.

Le général de tranchée est secondé par les colonels et lieutenants-colonels des mêmes troupes. Ces officiers supérieurs sont également relevés chaque jour.

Le commandant du siège peut, s'il le juge nécessaire, faire concourir les colonels avec les généraux de brigade pour le service de la tranchée.

Des officiers spécialement désignés sont mis à la disposition des généraux ou colonels de tranchée pour la transmission des ordres et les détails d'exécution.

Le général ou colonel de tranchée a le commandement des troupes de garde et des détachements de travailleurs. Il dispose les gardes pour repousser les sorties et protéger les travaux; il assure la répartition et le relèvement des travailleurs, reçoit les rapports des chefs d'attaque de l'artillerie et du génie, et tranche les questions que ces derniers lui soumettent, lorsque l'urgence ne permet pas d'en référer au commandant du siège. Il reçoit également les rapports et surveille le service du major de tranchée.

Major de tranchée.

Art. 261. — Le général commandant le siège désigne un officier supérieur pour remplir en permanence auprès de chaque attaque les fonctions de *major de tranchée*; il lui adjoint un ou plusieurs officiers du grade de capitaine ou de lieutenant.

Le major de tranchée reçoit chaque jour du chef d'état-major général l'état du service commandé pour les vingt-quatre heures.

Il est chargé de tous les détails relatifs au rassemblement des gardes et des travailleurs. Il répartit et dirige les gardes sur les divers points des attaques, conformément aux ordres du général de tranchée; il forme les détachements de travailleurs à fournir à l'artillerie et au génie.

A l'arrivée du général de tranchée, il lui donne tous les renseignements nécessaires sur la position des troupes; il l'accompagne dans sa visite de la tranchée, prend ses ordres pour les changements à apporter dans les emplacements des troupes, et les transmet aux colonels ou chefs de corps chargés de leur exécution.

Il a dans ses attributions la police, la propreté et l'entretien des tranchées et cheminements terminés et inoccupés. Il y fait placer les indications relatives aux directions à suivre; il dirige l'installation et surveille le service des ambulances de tranchée et des abris de pansement ; il assure l'évacuation des blessés.

Il exerce la police des dépôts de tranchée, et fixe, sur la proposition des officiers d'artillerie et du génie, les emplacements des dépôts provisoires de matériel. Il veille à ce que les travailleurs, en se rendant à leur poste, portent les matériaux et les outils aux points désignés ; il répartit les réserves de travailleurs d'après les demandes qui lui sont adressées par les chefs d'attaque.

Une ou plusieurs compagnies prises parmi les troupes de garde, et au besoin des détachements de travailleurs, sont mis à la disposition du major de tranchée, pour l'exercice de ses diverses attributions.

Service de l'infanterie.

Art. 262. — Les divisions, brigades, régiments et bataillons sont campés, bivouaqués ou cantonnés pendant le siège dans leur ordre de bataille habituel.

L'emplacement des camps et la répartition des cantonnements sont fixés par le commandant du siège, d'après l'étendue de la place et les besoins du service.

Le service intérieur et le service extérieur y sont assurés conformément aux prescriptions des titres V et VI du présent règlement.

Gardes et travailleurs de tranchée.

Art. 263. — Le service *de tranchée* est compris dans le *premier tour*, et se compose de la *garde de tranchée* et du *travail de tranchée*.

La garde de tranchée se monte par vingt-quatre heures et par régiment ; pour le siège des petites places et des forts isolés, ce service peut être commandé par bataillon.

Le travail de tranchée est fourni par fractions constituées; la durée en est de douze heures; les heures de relèvement sont fixées par le commandant du siège.

Les détachements de travailleurs à fournir par un régiment ne doivent jamais être moindres qu'une compagnie.

Vingt-quatre heures ou douze heures au moins avant de monter la garde de tranchée, les régiments commandés ne fournissent pas de travailleurs, et les compagnies de ces régiments, que leur tour aurait appelées aux travaux de tranchée, ne s'y rendent qu'après un repos de vingt-quatre heures, s'il est possible, ou de douze au moins.

Les travailleurs demandés pour des travaux autres que ceux de la tranchée sont pris au deuxième tour du service en campagne, dans les régiments non employés à la tranchée.

Un bataillon du premier régiment à marcher pour la garde de tranchée et les compagnies les premières à marcher pour les travaux, ne fournissent pas de service, et sont commandés de piquet pour être prêts à marcher au premier avis du général ou du major de tranchée.

Les travailleurs sont demandés, au général commandant le siège, par les commandants de l'artillerie et du génie; les états de demande sont adressés au chef d'état-major, qui prend les ordres du commandant du siège. Ces états doivent comprendre une réserve de travailleurs pour parer aux éventualités imprévues. Si accidentellement cette réserve devient insuffisante, le général ou le major de tranchée peut faire fournir, sur la demande des commandants de l'artillerie ou du génie, un supplément de travailleurs par les troupes de piquet.

Les troupes de tranchée sont commandées la veille et ne fournissent aucun autre service. Les corps laissent au camp une garde de police composée des hommes malingres.

Les travailleurs se rendent à la tranchée en armes et sans sacs; les gardes emportent le sac, et, autant que possible, des vivres pour un repas. Les gardes et les travailleurs se rassemblent habituellement aux dépôts de tranchée, sans bruit de caisse ni musique. Les hommes entrent dans la tranchée et en sortent les armes basses; toutefois les travailleurs chargés de matériaux ou d'outils ont l'arme à la bretelle.

Le côté du parapet est réservé aux troupes marchant vers la place; celles qui s'en éloignent prennent le côté du revers et se laissent couper par les premières.

Il n'est pas rendu d'honneurs dans la tranchée; en cas de visite du commandant du siège, les troupes de garde se placent au pied de la banquette reposés sur leurs armes.

Munitions.

Art. 264. — Les troupes de service à la tranchée doivent être pourvues de leur approvisionnement complet de cartouches; en cas de besoin, les dépôts de tranchée leur délivrent des munitions sur des bons signés par les capitaines.

Cas de sortie de l'ennemi.

Art. 265. — En cas de sortie, les troupes de garde se portent rapidement aux points désignés d'avance par le général de tranchée, si elles n'y sont déjà.

Les travailleurs prennent leurs armes et se tiennent prêts, soit à participer au combat, soit à se retirer en emportant leurs outils. Les officiers qui les commandent font exécuter ces mouvements avec ordre et promptitude, de manière à prévenir tout encombrement des communications.

Les troupes qui, pour repousser l'ennemi, se sont portées hors des tranchées, ne doivent pas se livrer à la poursuite. Le général de tranchée a soin de les faire rentrer à leur poste avant que la retraite des assiégés ne permette à l'artillerie de la place de reprendre son feu.

Les travailleurs sont ramenés à la tranchée ; leurs officiers font faire l'appel des hommes pendant le travail même, qui est repris sans perte de temps.

Service de la cavalerie.

Art. 266. — Dans les sièges, la cavalerie est principalement chargée du service d'observation et de reconnaissance, de l'escorte des convois et de la protection des communications.

Lorsque les circonstances exigent qu'on emploie à pied les troupes de cavalerie au service de tranchée, elles se conforment aux prescriptions énoncées plus haut pour les troupes d'infanterie.

Les hommes de garde ou de travail sont fournis par les escadrons de manière à ne pas nuire au service des chevaux ; ils marchent sous la conduite d'officiers et de sous-officiers de leur escadron.

Service de l'artillerie.

Art. 267. — L'artillerie est chargée de la construction et du service des batteries, et de l'approvisionnement de l'armée de siège en munitions de toute espèce.

L'emplacement et l'armement des batteries à construire sont déterminés par le commandant de l'artillerie du siège, d'après le projet d'attaque arrêté par le commandant du siège.

Les batteries sont construites autant que possible par les fractions de troupes qui doivent les servir.

La durée du service de tranchée par les troupes de l'artillerie est de vingt-quatre heures ; elle est réduite à douze heures pendant la construction des batteries.

Habituellement ces troupes ne sont commandées de tranchée qu'un jour sur trois ; dans l'intervalle, elles sont employées aux travaux du parc et au service intérieur.

Quand le nombre des canonniers est insuffisant, on le complète par des auxiliaires d'infanterie ou des cavaliers démontés.

Dans chaque attaque ou portion importante d'attaque, le service des batteries est placé sous la direction d'un officier supérieur d'artillerie qui prend le titre de *commandant d'artillerie de tranchée*. Cet officier reçoit les rapports des commandants de batterie et adresse au directeur du parc les demandes de matériel. Ses fonctions peuvent être permanentes.

Le matériel réuni dans les dépôts de tranchée, ou sur tout autre emplacement choisi d'après les besoins du service, est placé sous la surveillance d'un officier d'artillerie assisté de gardes et de sous-officiers de l'arme, et au besoin de sous-officiers d'infanterie.

Service du génie.

Art. 268. — Le génie est chargé de la construction des tranchées et des communications de siège, des travaux de mines, de l'établissement dans les ouvrages conquis, des cheminements intérieurs dans les rues et maisons de la place.

Le parc du génie est pourvu d'un approvisionnement spécial de poudres et de matières explosives.

Pour l'exécution des travaux d'approche, il est commandé chaque jour, et dans chaque attaque ou portion importante d'attaque, un officier qui prend le titre de *chef d'attaque*; des officiers de l'état-major du génie et des sous-officiers lui sont adjoints en nombre nécessaire.

Le chef d'attaque et ses adjoints dirigent l'exécution des travaux d'après les indications du commandant du génie du siège.

Les troupes du génie concourent à ces travaux par sections commandées chacune par un officier; elles sont relevées de douze heures en douze heures comme les travailleurs d'infanterie; elles exécutent les travaux spéciaux de sapes et de mines, secondent les officiers de l'état-major du génie dans le tracé et la surveillance des travaux faits par l'infanterie, ou sont employées dans les dépôts de tranchée.

Les officiers et les troupes du génie doivent être assez nombreux pour avoir deux nuits au moins de repos sur trois. A cet effet, les états-majors et les troupes du génie des corps d'armée et divisions de l'armée de siège non employés aux attaques peuvent en être détachés temporairement pour participer au service de tranchée.

Le matériel du génie réuni dans les dépôts de tranchée, ou sur tout autre point déterminé d'après les besoins du service, est placé sous la surveillance d'un officier ou d'un adjoint assisté par des sous-officiers; cet officier reçoit les ordres du chef d'attaque et lui adresse ses demandes de matériel pour être transmises au directeur du parc.

Rapport des officiers de tranchée.

Art. 269. — Les officiers d'artillerie et du génie de tranchée font au général ou colonel de tranchée tous les rapports qu'il leur demande sur le service des batteries et sur les travaux. Ils lui remettent chaque jour l'état des pertes subies par les troupes de leur arme.

Après la descente de la tranchée, ils font à leurs chefs directs des rapports sur les détails de leur service respectif.

A la fin de chaque tranchée, le major de tranchée rédige sur le service des vingt-quatre heures un rapport en deux expéditions qui sont remises, l'une au chef d'état-major, l'autre au général de tranchée. Le général de tranchée transmet cette dernière au commandant du siège avec ses observations.

Les commandants de l'artillerie et du génie adressent de leur côté, chaque jour, au commandant du siège, un rapport sur l'état des travaux et sur leur service respectif.

Les chefs de corps rendent compte à leur général de brigade des pertes qu'ils ont éprouvées et de la conduite des troupes pendant le service de tranchée.

Distributions extraordinaires.

Art. 270. — Le commandant du siège a toute latitude pour ordonner les distributions extraordinaires de vivres et de liquides qu'il juge utiles pour les troupes de tranchée. Les mesures de détail sont prises par le major de tranchée.

Secours aux blessés.

Art. 271. — Le nombre de médecins nécessaire est commandé chaque jour dans les corps de troupe pour assurer les premiers secours aux hommes blessés dans les tranchées.

Des ambulances sont établies à proximité des attaques pour recevoir ces blessés, qui sont ensuite dirigés sur leur corps ou évacués sur un hôpital.

TITRE XVII.

De la défense des places.

CHAPITRE Ier.

Gouverneurs des places. — Commandants des forts.

Désignation des gouverneurs et commandants.

Art. 272. — Les *gouverneurs* de places et de forts isolés appartenant au territoire national sont désignés dès le temps de paix.

Le commandant de l'armée fait les mêmes désignations dans les places et forts occupés en territoire ennemi.

A défaut de titulaire ou en cas de vacance, le commandant d'une armée, ou d'un corps d'armée opérant isolément, peut nommer, sauf confirmation ultérieure du ministre, des gouverneurs dans les places et forts menacés compris dans le rayon d'opération de l'armée.

Il peut également changer le gouverneur d'une place ou d'un fort isolé, mais seulement dans des cas d'une gravité extrême et si toute relation avec le Ministre de la Guerre est interrompue. Il en rend compte dès que les communications sont rétablies.

Dans une place ou un fort investis, le gouverneur est remplacé, en cas de décès ou d'impossibilité d'exercer ses fonctions, par le plus élevé en grade, ou à égalité de grade par le plus ancien des officiers de la garnison appartenant ou ayant appartenu à l'armée active, à l'exclusion de tout autre officier, même d'un grade plus élevé, qui se trouverait accidentellement dans la place ou dans le fort.

Les commandants particuliers des forts détachés et autres ouvrages faisant partie du système de fortification d'une place sont choisis et nommés par le gouverneur parmi les officiers sous ses ordres ; ils sont responsables envers lui seul.

Rapports des gouverneurs avec le commandant de l'armée.

Art. 273. — Les gouverneurs de places et de forts isolés situés dans la zone d'opération d'une armée ou d'un corps d'armée agissant isolément, sont sous les ordres du commandant de cette armée ou de ce corps d'armée.

Mais, en territoire national, celui-ci ne peut ni toucher aux approvisionnements de guerre et de bouche formant la dotation normale de la place, ni faire aucune réquisition de vivres ou de matériel de guerre dans son périmètre, ni distraire aucune fraction de la garnison de défense déterminée par le Ministre.

Le commandant de l'armée doit donner aux gouverneurs tous les renseignements qui peuvent intéresser la défense. Ceux-ci sont tenus de correspondre chaque jour avec lui.

La garnison d'une place ou d'un fort isolé peut, sur l'ordre du commandant de l'armée, être associée à des opérations actives en dehors du rayon d'investissement, fixé à dix kilomètres en avant des ouvrages les plus avancés.

Mais si le gouverneur juge que l'éloignement

momentané de tout ou partie de ses troupes est de nature à compromettre la sûreté de la place ou du fort dont il a la responsabilité, il soumet par écrit ses observations au commandant de l'armée, qui, s'il passe outre, est tenu de lui délivrer *un ordre écrit et signé.*

Le commandant d'une armée qui, en se retirant, laisse une place ou un fort exposé à être investi, complète la garnison et les approvisionnements par tous les moyens qui sont en son pouvoir.

Rapports des gouverneurs avec les commandants de troupes de passage.

Art. 274. — Lorsqu'un officier général ou supérieur commandant des troupes se trouve à la tête de ses troupes dans le rayon d'investissement d'une place ou d'un fort, sans lettre de service qui lui donne droit de commandement sur cette place ou ce fort, il doit, sur la demande de l'officier qui y commande, faire publier les ordres et fournir les postes nécessaires à la conservation et à la police de la place. Ces gardes passent sous les ordres du gouverneur. Les officiers, sous-officiers et soldats isolés sont soumis à sa surveillance ; s'il les fait arrêter pour motif de désordre, il prévient le commandant des troupes.

Lorsque des troupes, des officiers isolés ou assimilés, inférieurs en grade ou en rang au gouverneur, se trouvent enfermés dans une place ou un fort sans faire partie de la garnison, celui-ci en dispose pour le service de la défense. Si le commandant de ces troupes est supérieur en grade ou en rang au gouverneur, il ne peut se dispenser de déférer aux réquisitions qui lui sont faites par ce dernier, seul responsable du sort de la place ou du fort.

Ces officiers et ces troupes se rendent à leur destination dès que le blocus ou le siège est levé, ou quand la position occupée par l'ennemi leur permet de continuer leur route.

Autorité du gouverneur.

Art. 275. — En territoire national, les attributions des gouverneurs, à dater de la déclaration de *l'état de guerre* ou de la publication de l'ordre de mobilisation, jusqu'à la déclaration de *l'état de siège*, sont réglées par la loi en ce qui concerne les rapports avec les autorités civiles, et, par les instructions en vigueur, pour les relations avec les troupes et les services militaires.

Dans les places occupées en territoire ennemi, ces attributions sont réglées par le commandant de l'armée.

L'état de siège déclaré, l'autorité du gouverneur est absolue. Elle s'étend jusque sur l'administration intérieure des corps de troupe et des divers services. En conséquence, les commandants des troupes, les commandants de l'artillerie et du génie, les chefs des services administratifs et du service de santé, sont tenus de prendre toutes les mesures d'administration intérieure, de faire tous les travaux, d'engager toutes les dépenses, de prendre en un mot toutes les dispositions de service que le gouverneur juge à propos de prescrire dans l'intérêt de la défense.

Pendant toute la durée de l'état de siège, les autorités civiles de tout ordre, dans le rayon d'investissement, sont subordonnées au gouverneur.

Il exerce ou fait exercer en son nom tous les pouvoirs relatifs au maintien de l'ordre, à la police, aux approvisionnements, aux communications et à l'hygiène.

Ces pouvoirs ne prennent fin qu'après le rétablissement des défenses et des approvisionnements.

CHAPITRE II.

Des garnisons.

Garnison de sûreté et de défense.

Art. 276. — L'effectif et la composition des garnisons des places et des forts isolés du territoire national sont fixés dès le temps de paix.

Les garnisons peuvent être composées de deux éléments :

1° La *garnison de sûreté*, qui correspond au minimum de troupes nécessaire pour résister à une surprise ou à une attaque de vive force ;

2° Un *complément de troupes* destiné à assurer à la défense de la place ou du fort une puissance et une durée proportionnées à son rôle dans la défense générale.

La réunion des deux éléments constitue la garnison complète, ou *garnison de défense*.

Le Ministre désigne les places fortes qui, en cas de guerre sur une frontière, recevront leur garnison de défense dès la mobilisation. Les autres places ne reçoivent que des garnisons de sûreté, qui peuvent être complétées ultérieurement, suivant la marche des événements, par les soins du Ministre, ou, en cas d'urgence, du commandant de l'armée.

Bases de formation des garnisons.

Art. 277. — La garnison de défense d'une grande place avec forts détachés se compose :

De l'état-major du gouverneur, comprenant un chef d'état-major, un major de la garnison et un nombre variable d'officiers adjoints ;

De personnels de l'artillerie, du génie, des services administratifs et du service de santé ;

De troupes de toutes armes ;

De corps provisoires formés par le gouverneur avec les hommes des services auxiliaires et les ressources fournies par la population civile.

Avec ces éléments, et en s'inspirant du plan de défense établi à l'avance, le gouverneur forme :

1° Les *garnisons particulières* de chacun des forts et ouvrages permanents ou provisoires de première ligne, ainsi que celle du corps de place ;

2° Les *troupes des secteurs*, chargées, dans chaque secteur du périmètre défensif, de la surveillance et de la garde des intervalles entre les ouvrages de première ligne ;

3° La *réserve générale*.

Le gouverneur met à la tête de chacune de ces subdivisions, soit l'officier le plus élevé en grade des troupes qui la composent, soit un autre officier d'un grade au moins égal.

Il règle, d'après sa seule appréciation, les relations de subordination entre les commandants des divers groupes.

Au cours du siège, il modifie, suivant les besoins, la force et la composition des groupes. Mais il ne perd pas de vue que la connaissance du terrain est une des conditions essentielles d'une bonne défense, et que le roulement des troupes d'un fort ou d'un secteur à un autre ne doit être ordonné qu'en cas de nécessité.

Les garnisons et services des places de moyenne importance sont constitués d'après les mêmes principes et sur une moindre échelle.

Dans les petites places sans ouvrages détachés, les divers corps de la garnison alternent pour le service de garde des remparts et celui de la réserve générale.

Dans les forts isolés, la garnison forme un groupe unique dans la main du gouverneur.

Des règles analogues sont suivies pour la formation des garnisons des places et forts occupés en territoire ennemi.

Conseil de défense.

Art. 278. — La commission chargée, en temps de paix, de préparer et reviser le plan de mobilisation et de défense des places fortes et forts isolés, est remplacée, à partir du passage à l'état de guerre, par un conseil de défense.

Le conseil de défense d'une place est composé : du gouverneur, de l'officier commandant l'artillerie, du chef du génie, de l'intendant militaire et, à défaut, du plus ancien sous-intendant ; des deux plus anciens colonels des troupes de la garnison ; à défaut de colonels, des deux officiers les plus anciens dans le grade le plus élevé, mais appartenant à des corps différents. En cas d'empêchement d'un des membres du conseil, il est remplacé, s'il est commandant de l'artillerie ou du génie, ou fonctionnaire de l'intendance, par l'officier qui le supplée dans ses fonctions ; s'il est officier de troupe, par celui qui marche immédiatement après lui sur le contrôle général du corps de troupe.

Lorsque la garnison n'est formée que d'un seul corps, le commandant de ce corps remplace, au conseil de défense, les deux officiers de troupe précédemment désignés.

S'il y a dans la place un officier général employé, il fait partie du conseil ; s'il y en a plusieurs, le plus ancien dans le grade le plus élevé y est appelé de droit. Dans ces deux cas, un seul colonel ou officier de troupe en fait partie.

Dans les forts isolés et postes militaires, le conseil de défense est composé du gouverneur, de l'officier commandant l'artillerie, du chef du génie, de l'officier le plus ancien dans le grade le plus élevé parmi les troupes de la garnison.

Dans les cas graves, le gouverneur consulte les divers membres séparément, réunis partiellement ou réunis en conseil, selon qu'il convient à ses vues. Mais, quels que soient les avis, il décide seul et sous sa responsabilité.

Service des troupes dans les places assiégées.

Art. 279. — Le gouverneur ou commandant règle le service des troupes dans une place ou fort en état de siège, de manière à assurer aux hommes deux nuits de repos sur trois, aussi longtemps que la chose est possible.

Infanterie. — Dans les forts et enceintes, le service est habituellement réparti en trois tours. Le premier tour comprend le service en armes à l'intérieur ou à l'extérieur, ainsi que les travaux sur les points les plus exposés au feu de l'ennemi ; un tiers de la garnison y est employé. Le second tiers est de piquet, et peut être appelé à fournir des travailleurs si l'effectif du premier tour est insuffisant.

Le dernier tiers est tenu en réserve, et occupé aux corvées générales et intérieures, ainsi qu'aux travaux les moins dangereux.

Pour la garde des secteurs, le roulement a lieu d'une manière analogue. Le premier tiers fournit les sentinelles et postes de soutien de la ligne de défense. Le second tiers est de piquet et prêt à marcher ; le troisième fournit les travailleurs et les corvées. Ces deux derniers tiers forment la *réserve spéciale du secteur*.

Le roulement entre les trois tours se fait par bataillon, compagnie, ou même par fractions de compagnie.

Dans les secteurs comme dans les forts et enceintes, la durée du service en armes est de vingt-quatre heures, et les fractions de piquet ou en réserve peuvent être appelées à fournir douze heures de travail consécutives ou en deux reprises.

Artillerie. — En principe, chaque batterie ou fraction de batterie à pied est affectée à un ouvrage, à une portion d'ouvrage ou à un groupe de pièces déterminé.

Dans chacune de ces subdivisions un tiers de l'effectif est de service aux pièces, un tiers de piquet ou employé aux travaux de construction, réparation ou approvisionnement des batteries ; le dernier tiers est en réserve ou occupé aux corvées générales ou intérieures. Le service aux pièces est de vingt-quatre heures ; les deux autres tours fournissent douze heures de travail ou de service.

Un roulement particulier est établi pour le personnel permanent chargé de travaux spéciaux, tels que préparation des munitions, manipulation des poudres, ateliers de réparations, etc.

Quand l'infanterie fournit des auxiliaires pour le service des pièces, ces auxiliaires sont attachés en permanence aux batteries à pied, et roulent avec les canonniers dans tous les tours de service.

Génie. — Les troupes du génie ne concourent pas habituellement au service de garde ; elles fournissent par vingt-quatre heures douze heures de travail de jour ou de nuit.

Les troupes d'infanterie de la réserve générale, les batteries attelées et les détachements de cavalerie appartenant à cette même réserve ou aux réserves spéciales des secteurs se conforment aux règles du service en campagne.

CHAPITRE III

Préparatifs de la défense.

Plan de défense.

Art. 280. — Dans toutes les places et forts isolés du territoire national, un *plan de mobilisation et de défense* est préparé à l'avance, et périodiquement revisé, sous la direction du gouverneur désigné.

A défaut de ce plan et notamment dans les places conquises sur l'ennemi, le gouverneur s'attache particulièrement à bien connaître la situation :

1° Des fortifications, des établissements militaires et du terrain compris dans le périmètre de la défense ;

2° Du terrain extérieur dans les rayons d'attaque, d'investissement et d'activité ;

3° De la garnison, de l'artillerie, des munitions, des approvisionnements de toute nature ;

4° De la population à nourrir en cas de siège ; des hommes capables de faire un service armé ; des ouvriers susceptibles d'être employés aux travaux de toute nature et au service des incendies ; des établissements qui peuvent être utilisés comme logement des troupes, ambulances ou magasins ; des subsistances, des matériaux, outils et ressources de tout genre que la ville et le pays peuvent fournir, et dont il convient de s'assurer précautionnellement.

Mesures de sûreté.

Art. 281. — Tout officier commandant un fort ou une place en état de guerre doit considérer cette place ou ce fort comme pouvant à tout instant être attaqués par surprise ou de vive force.

Aussitôt que l'état de guerre est déclaré, il s'assure que les ouvrages sont en bon état, munis de l'armement prescrit, et convenablement approvisionnés. Il fait remédier d'urgence aux manquements constatés.

Il règle le service de garde des remparts, des portes, des ouvrages de flanquement, prescrit les mesures à prendre en cas d'incendie ou de bombardement, désigne à chaque corps de troupe et à chaque officier sans troupe son poste de combat en cas d'alerte, ainsi que la conduite à suivre dans les hypothèses d'attaque les plus probables.

Il assure, par des patrouilles de découverte, la surveillance du terrain extérieur dans la zone d'investissement ; il envoie de petits détachements, principalement de cavalerie, en reconnaissance à plus grande distance, et ne néglige aucun moyen d'information sur les mouvements et les intentions de l'ennemi.

Mise en état de défense.

Art. 282. — Dès qu'il en reçoit l'ordre du Ministre ou du commandant de l'armée, le gouverneur fait entreprendre et poursuivre avec la plus grande activité les travaux, approvisionnements et organisations de toute nature nécessaires pour mettre sa place ou son fort en état de défense. Il se conforme autant que possible, dans les places et forts du territoire national, aux dispositions prévues par le plan de mobilisation et de défense.

Dans l'exécution des opérations de la mise en état de défense, il fait le plus large emploi des ressources de l'industrie et de la population civiles. Il appelle les troupes à participer aux travaux dans la mesure que comportent les exigences du service de garde et le perfectionnement de leur instruction militaire ; il évite d'épuiser la garnison par des fatigues prématurées.

Il concerte avec les autorités civiles les formalités à suivre pour sauvegarder les droits des tiers, lorsque l'exécution des travaux oblige à porter atteinte aux propriétés privées.

Il prescrit à ces mêmes autorités d'activer les mesures nécessaires pour assurer la subsistance des habitants, et la réunion des ressources que le pays peut fournir pour les besoins de la garnison et l'exécution des travaux.

État de siège.

Art. 283. — Par la déclaration de l'état de siège, le gouverneur est revêtu de l'autorité nécessaire :

1° Pour expulser les étrangers et les gens notés par la police civile ou militaire ;

2° Pour faire sortir les bouches inutiles dans la mesure des instructions qu'il a reçues du Ministre ou du commandant de l'armée, et qu'il a dû au besoin provoquer à l'avance ;

3° Pour faire rentrer dans la place ou empêcher d'en sortir : les ouvriers, bêtes de somme, outils, matériaux et autres moyens de travail ; les bestiaux, denrées et autres moyens de subsistance ;

4° Pour occuper les terrains, les établissements publics et privés, et y faire exécuter tous les travaux qu'il juge utiles pour la défense ;

5° Pour tendre les inondations et régler tout ce qui concerne le régime des eaux et voies de communication ;

6° Pour raser et détruire : à l'intérieur des enceintes, tout ce qui peut gêner la circulation militaire ; à l'extérieur, tout ce qui peut masquer les feux de la place ou offrir des couverts à l'ennemi.

Lorsque l'état de siège est déclaré, le gouverneur éloigne sa famille et celles des commandants de troupes et chefs de service de la garnison.

CHAPITRE IV.

Conduite de la défense.

Devoirs généraux.

Art. 284. — En règle générale, la défense d'une place assiégée est, aussi longtemps que possible, extérieure et active.

L'application de cette règle varie avec la force et l'étendue de la place, la disposition du terrain et des ouvrages, la composition de la garnison.

Le gouverneur règle le service des troupes et la consommation des approvisionnements de guerre et de bouche de manière à pouvoir soutenir vigoureusement les attaques dans les moments décisifs, à conserver de solides réserves pour les assauts et les retours offensifs, et à prolonger jusqu'à la dernière limite la durée de la résistance.

Dans aucun cas il ne se met à la tête des troupes dans les sorties ; il ne conduit jamais d'attaque lui-même, à moins que le salut de la place ne l'exige. Il ne doit s'exposer que dans les circonstances décisives, sa mort pouvant entraîner la chute de la place.

Défense des places avec forts détachés.

Art. 285. — Au début des opérations, le gouverneur porte au dehors sa réserve générale, renforcée d'une partie des troupes des secteurs. Les troupes sont pourvues de tous les moyens d'action nécessaires pour lutter en rase campagne. Elles s'établissent sur les positions les plus favorables pour contenir les avant-gardes ennemies et entraver l'investissement. Ces positions ont dû être étudiées à l'avance ; les troupes s'y retranchent si elles en ont le temps et les moyens.

Si l'ennemi devient trop nombreux, les forces mobiles cèdent du terrain en combattant, sans se laisser couper de la place. A mesure qu'elles se rapprochent des forts, elles trouvent un puissant soutien dans l'artillerie des ouvrages de première ligne. Cette artillerie, que l'ennemi ne peut encore combattre, tient sous son feu la zone de l'investissement, s'attache à y gêner tout mouvement et tout établissement de l'ennemi, et appuie les retours offensifs. L'action des forts est renforcée par celle des batteries intermédiaires, que l'on arme de pièces empruntées à la réserve générale d'artillerie, ainsi qu'aux ouvrages de seconde ligne et au corps de place.

La lutte se prolonge dans ces conditions jusqu'à ce que l'assiégeant ait assis solidement ses lignes d'investissement.

A partir de ce moment, le gouverneur replie ses troupes sur la ligne de défense appuyée aux forts. Cette ligne a dû être organisée pendant la période de mise en état de défense. Elle forme la base de nouvelles opérations offensives, si l'ennemi se borne à bloquer la place ; elle devient le champ de bataille principal de la défense, s'il entame un siège en règle.

Les mouvements de l'ennemi à l'intérieur de ses positions, ses tentatives pour resserrer l'investissement dans certains points, les renseignements qu'on aura pu se procurer sur l'emplacement des parcs, permettent généralement au gouverneur de discerner à l'avance le front ou les fronts qui vont devenir l'objectif de l'attaque en règle. Il s'applique alors à connaître l'emplacement des batteries de siège de première position, contrarie par tous les moyens leur construction et leur armement, et se prépare à leur livrer un combat à outrance, dès l'ouverture de leur feu.

A cet effet, il fait établir, entre les principaux ouvrages des fronts menacés, des batteries intermédiaires qui sont construites et servies comme les batteries de siège. Cette ligne de batteries est armée au moyen des pièces de la réserve générale d'artillerie et des pièces les plus mobiles du corps de place et des forts non attaqués.

Les forts d'attaque, la ligne des batteries intermédiaires, toutes les pièces des autres ouvrages qui peuvent agir contre les batteries ennemies, prennent part au duel d'artillerie, que la défense doit soutenir avec la plus grande vivacité et la dernière énergie.

L'infanterie des secteurs attaqués, renforcée par la réserve générale de la garnison, protège la ligne d'artillerie, maintient à distance les avant-postes de l'assiégeant, et profite des moments favorables pour les refouler et pour tenter des coups de vigueur sur les batteries de siège.

Si l'artillerie de l'attaque prend définitivement la supériorité, le défenseur retire une partie de l'armement des forts et batteries qui ont pris part au combat, et le reporte sur une seconde ligne de défense préparée en arrière.

Les pièces laissées en première ligne concentrent principalement leur feu sur les travaux d'approche. Leur action est secondée par le tir des ouvrages latéraux, par la mousqueterie des forts, tranchées et contre-approches du front d'attaque, par des sorties rapides et multipliées sur les flancs des cheminements.

La résistance doit être telle sur la ligne des forts, que l'ennemi soit obligé ne passer par toutes les lenteurs d'une attaque méthodique contre un ou plusieurs d'entre eux, avant d'être en mesure de leur donner l'assaut.

Les commandants de forts et d'ouvrages détachés les défendent comme de petites places se prêtant un mutuel appui et soutenues par des forces extérieures. Ils prolongent la lutte jusqu'au dernier terme, et n'évacuent la position que sur un ordre formel du gouverneur, après avoir détruit le matériel et les munitions qu'ils ne peuvent emmener en se retirant.

Les troupes des secteurs et de la réserve générale couvrent les flancs et la gorge des forts, et opposent de vigoureuses contre-attaques aux tentatives d'assaut.

La lutte sur la ligne des forts est la phase capitale de la défense. C'est pendant cette période du siège que le gouverneur peut faire l'usage le plus utile de ses troupes et de ses munitions.

Après la chute des forts de première ligne, le gouverneur reporte ses forces mobiles sur les positions qu'il a fait organiser et armer en arrière. Il défend cette seconde ligne comme la première, et oblige l'ennemi, pour la faire tomber, à entreprendre le siège des forts collatéraux auxquels sont appuyées ses extrémités.

Rejeté de position en position jusqu'au corps

de place, le gouverneur trouve encore de puissants moyens de résistance dans l'enceinte et dans les forts restés intacts. Il les défend pied à pied, et en fait les points d'appui d'un dernier réduit, dans lequel il rassemble les débris de la garnison avec des vivres et des munitions, pour combattre jusqu'à la dernière extrémité.

Défense des places à simple enceinte et des forts isolés.

Art. 286. — Si la garnison est assez nombreuse, le gouverneur avant de se renfermer dans l'enceinte, occupe les positions extérieures susceptibles d'être retranchées et en fait la base de ses opérations offensives ou défensives. La conduite à tenir se déduit, par analogie, des règles données à l'article précédent.

Si la garnison est strictement suffisante pour la défense de l'enceinte, elle agit encore à l'extérieur, ne fût-ce que pour se renseigner sur les mouvements et les préparatifs de l'ennemi.

Dans aucun cas la résistance ne doit rester entièrement passive. Le gouverneur a le devoir strict de prendre l'initiative des mesures propres à contrarier l'établissement et l'armement des batteries de bombardement. Il répond à leur feu jusqu'à écrasement complet de son artillerie.

Le bombardement est impuissant sur les forts isolés, dont les garnisons et les approvisionnements sont généralement sous casemates. Un siège en règle peut seul les réduire.

Dans les places à simple enceinte, la construction d'abris et de blindages, l'utilisation des caves, une bonne organisation du service d'incendie, l'éloignement préalable des bouches inutiles, doivent permettre à la garnison et à la population de supporter l'épreuve du bombardement sans se laisser détourner de leur devoir.

Le gouverneur soutient leur moral par son énergie et sa résolution. Il défend pied à pied les ouvrages extérieurs, les dehors, le fossé, oblige ainsi l'ennemi à passer par tous les délais des procédés réguliers d'attaque, et ne cède qu'après épuisement de ses derniers moyens de résistance.

Des mines.

Art. 287. — L'explosion de fourneaux de mines est d'un puissant effet sur le moral des troupes. Le gouverneur d'une place ou le commandant d'un fort est tenu de ne rien négliger pour assurer le jeu des dispositifs permanents de contre-mines, ou pour en improviser au besoin dans la mesure des ressources dont il dispose.

L'emploi des contre-mines s'impose particulièrement lorsqu'on prévoit que l'assiégeant sera dans la nécessité de recourir à la mine pour ouvrir des brèches ou détruire des ouvrages de flanquement.

On devra également préparer, dans les forts détachés et dans les ouvrages extérieurs, quelques fourneaux de mines pour les désorganiser et faire sauter les poudres et munitions, si l'on est obligé d'évacuer la position.

Responsabilité du commandement.

Art. 288. — L'officier qui commande une place de guerre ou un fort isolé ne doit jamais perdre de vue qu'il défend un des boulevards de la patrie, l'un des points d'appui de ses armées, et que de sa reddition avancée ou retardée d'un seul jour peut dépendre le salut du pays.

Il doit rester sourd aux bruits répandus par la malveillance et aux nouvelles que l'ennemi lui ferait parvenir, résister à toutes les insinuations, et ne laisser ébranler par les événements ni son courage, ni celui de la garnison qu'il commande. Il se conforme aux instructions qu'il a reçues, notamment en ce qui concerne la destruction du matériel de guerre.

Il ne doit pas oublier que les lois militaires condamnent à la peine de mort avec dégradation militaire tout commandant d'une place de guerre reconnu coupable d'avoir rendu sa place à l'ennemi avant d'avoir épuisé tous les moyens de défense dont il disposait, et sans avoir fait tout ce que prescrivaient le devoir et l'honneur.

Les mêmes devoirs et les mêmes responsabilités incombent aux commandants des forts détachés, sous la réserve de la subordination absolue au gouverneur de la place dont ils dépendent.

Lorsque le gouverneur d'une place ou le commandant d'un fort est arrivé au terme de la résistance, il détruit les drapeaux.

S'il est obligé de se rendre, il ne doit jamais comprendre dans une convention avec l'ennemi les forts détachés ou autres ouvrages fermés qui seraient encore susceptibles de prolonger leur résistance.

Lors de la reddition, il ne sépare jamais son sort de celui de ses officiers et de ses troupes. Il s'occupe surtout du soin d'améliorer les conditions faites aux soldats, et de stipuler pour les blessés et les malades toutes les clauses d'exception et de faveur qu'il peut obtenir.

Tout officier qui a perdu la place ou le fort dont le commandement lui était confié est tenu de justifier sa conduite devant un conseil d'enquête spécial.

Fait à Paris, le 26 octobre 1883.

JULES GRÉVY.

Par le Président de la République :

Le Ministre de la guerre,

E. CAMPENON.

TABLE
DES TITRES ET DES ARTICLES.

TITRE Ier.
DE L'ORGANISATION GÉNÉRALE DE L'ARMÉE.

CHAPITRE Ier.
DE L'ORGANISATION GÉNÉRALE DE L'ARMÉE.

Articles.	Pages.
1. Formations des armées....................	7
2. Par qui sont commandés les armées, les ailes, le centre, la réserve....................	9
3. Droits au commandement................	10
4. Rang des troupes entre elles ; ordre de bataille et de marche....................	12
5. Devoirs des officiers généraux à l'égard des troupes....................	13
6. Droits et obligations des généraux en ce qui concerne l'administration de l'armée.....	14

CHAPITRE II.
DES ÉTATS-MAJORS.

7. Composition des états-majors..............	15
8. Fonctions des chefs d'état-major...........	16
9. Service des officiers attachés aux états-majors....................	17

CHAPITRE III.
ÉTATS-MAJORS DE L'ARTILLERIE ET DU GÉNIE.

10. Etats-majors de l'artillerie et du génie. Service de ces deux armes................	18

CHAPITRE IV.

DE L'INTENDANCE.

Articles.	Pages.
11. Administration de l'armée	21
12. Rapports et correspondance	22
13. Attributions spéciales	23
14. Responsabilité des généraux et des intendants	24

CHAPITRE V.

DU SERVICE DE SANTÉ.

15. Direction du service	25
16. Exécution du service	26
17. Carnet médical. Rapports	28

CHAPITRE VI.

DE L'AUMÔNERIE MILITAIRE.

18. Place des aumôniers	29

CHAPITRE VII.

DU SERVICE DE LA TRÉSORERIE ET DES POSTES.

19. A qui est confié le service de la trésorerie et des postes	29
20. Répartition du personnel	30
21. Organisation générale du service	30

CHAPITRE VIII.

DE LA TÉLÉGRAPHIE MILITAIRE.

22. Service de la télégraphie militaire	31

CHAPITRE IX.

DES TRANSPORTS MILITAIRES, SERVICE DES ÉTAPES SUR LES VOIES FERRÉES ET SUR LES VOIES ORDINAIRES.

23. Partage des attributions	33
24. Organisation du service des chemins de fer	34

Articles.	Pages.
25. Fonctionnement du service des chemins de fer....................................	36
26. Service des étapes........................	38
27. Relations du service des étapes avec les troupes d'opérations et avec le service des chemins de fer.......................	40

CHAPITRE X.

DES DÉPÔTS.

28. Des dépôts..............................	42

CHAPITRE XI.

DES SOLDATS PRÈS DES OFFICIERS.

29. Des soldats près des officiers............	42

TITRE II.

DES ORDRES.

30. Dispositions générales...................	43
31. Ordres généraux........................	44
32. Ordres particuliers......................	45
33. Transmission des ordres.................	45
34. Officiers en mission.....................	46
35. Du service d'ordonnance................	47

TITRE III.

DU MOT D'ORDRE.

36. Définition du mot.......................	48
37. Comment le mot d'ordre est donné dans les régiments.............................	49
38. Perte du mot d'ordre....................	50

TITRE IV.

DES CANTONNEMENTS, DES BIVOUACS ET DES CAMPS.

CHAPITRE Ier.
DÉFINITIONS.

Articles.	Pages.
39. Définitions....................................	51

CHAPITRE II.
DU CAMPEMENT.

40. Composition du campement................	51
41. Réunion du campement.....................	52

CHAPITRE III.
DES CANTONNEMENTS.

42. Dispositions générales......................	53
43. Répartition des cantonnements.............	53
44. Préparation du cantonnement..............	54
45. Installation au cantonnement..............	57

CHAPITRE IV.
BIVOUACS.

46. Formations diverses pour le bivouac.......	58
47. Bivouac d'un bataillon d'infanterie en colonne.	58
48. Bivouac d'un régiment d'infanterie en ligne de bataillons en colonne double.........	60
49. Bivouac d'un régiment d'infanterie en colonne...	63
50. Bivouac d'un bataillon déployé............	64
51. Bivouac d'un régiment d'infanterie déployé..	65
52. Bivouac d'une compagnie d'infanterie isolée.	66
53. L'infanterie bivouaque surtout en ligne de bataillons en colonne double...............	66

Articles.	Pages.
54. Bivouac d'un régiment de cavalerie en colonne d'escadrons	66
55. Bivouac d'un régiment de cavalerie en bataille	68
56. Bivouac d'une batterie montée	71
57. Bivouac d'une batterie à cheval	72
58. Bivouac d'un groupe de batteries	73
59. Bivouac d'une section de munitions	73
60. Bivouac d'un parc de corps d'armée	75
61. Bivouac d'un parc des équipages militaires	76
62. Répartition des bivouacs	76
63. Choix et préparation du bivouac	77
64. Installation au bivouac	79

CHAPITRE V.

MESURES A PRENDRE POUR L'ORDRE ET LA SÉCURITÉ DANS LES CANTONNEMENTS ET DANS LES BIVOUACS.

65. Dispositions générales	81

CHAPITRE VI.

DES CAMPS.

66. Dispositions générales	83

TITRE V.

DU SERVICE DANS LES CANTONNEMENTS ET LES BIVOUACS.

CHAPITRE Ier.

BASES DU SERVICE.

67. Dispositions générales	84
68. Service de jour	84
69. Fixation des heures de service	85
70. Surveillance à exercer dans les cantonnements	87
71. Formation des ordinaires	88

Articles.	Pages.
72. Places des officiers supérieurs en cas de fractionnement..................................	88
73. Major, officiers d'armement et d'habillement	89
74. Conservation des armes, des munitions et des vivres de réserve........................	89
75. Demande de munitions.......................	89
76. Punitions..................................	90
77. Instruction................................	90

CHAPITRE II.

GARDE DE POLICE ET PIQUET.

78. Composition de la garde de police.........	91
79. Poste de discipline.........................	92
80. Gardes d'écurie............................	92
81. Devoirs de l'officier supérieur de jour......	93
82. Devoirs de l'adjudant-major de jour........	93
83. Devoirs de la garde de police; sentinelles, leurs consignes..............................	94
84. Service du poste de discipline...............	97
85. Cas de marche.............................	98
86. Du piquet..................................	99

TITRE VI.

DE L'ORDRE A OBSERVER POUR COMMANDER LE SERVICE.

87. Ordre du service dans les fractions constituées	100
88. Tours de service............................	100
89. Ordre dans lequel le service est commandé..	101
90. Officier, sous-officier, caporal ou brigadier, absent ou malade...........................	102
91. Service censé fait...........................	102
92. Service à pied dans la cavalerie.............	103
93. Capitaine commandant un bataillon, des escadrons ou un groupe de batteries......	103

TITRE VII.

ALIMENTATION DES TROUPES EN CAMPAGNE.

Articles.	Pages.
94. Dispositions générales....................	104
95. Tarif des rations........................	104
96. Alimentation des troupes pendant les transports stratégiques...................	105
97. Alimentation des troupes pendant la période de concentration....................	105
98. Alimentation des troupes en opérations....	105
99. Ravitaillement des convois...............	106
100. Examen des denrées.....................	106
101. Distribution aux compagnies, escadrons ou batteries.............................	107
102. Distributions aux rationnaires...........	107
103. Présence d'un officier du service d'état-major et d'un fonctionnaire de l'intendance aux ravitaillements des convois régimentaires.	108
104. Contributions en argent ou en nature.....	108
105. Recours aux réquisitions.................	108
106. Logement des officiers généraux..........	109
107. Nourriture chez l'habitant................	109
108. Dispositions spéciales à la cavalerie.......	110
109. Postes de correspondance et cavaliers isolés.	110
110. Prestations extraordinaires en pays conquis.	110

TITRE VIII.

SERVICE DES MARCHES.

CHAPITRE Ier.

ORGANISATION DES COLONNES.

111. Dispositions générales....................	111
112. Eléments constitutifs des colonnes........	111
113. Ordre de marche des éléments constitutifs des colonnes............................	112

Articles. Pages.
114. Règles de marche à observer dans les colonnes... 113
115. Alternance dans l'ordre de marche des diverses unités et de leurs trains régimentaires... 114

CHAPITRE II.

PROTECTION DES COLONNES.

116. Règles générales........................... 115
117. Service général d'exploration............. 116
118. Patrouilles et escadrons de découverte..... 116
119. Indépendance relative des escadrons de découverte................................. 117
120. Correspondance entre les divers échelons.. 118
121. Service général de sûreté................. 118
122. Mission de la cavalerie employée au service de sûreté................................. 119
123. Dispositif habituel du service de sûreté.... 119
124. Cavalerie accompagnant des colonnes opérant isolément............................. 120
125. Avant-garde............................... 121
126. Flanc-gardes.............................. 122
127. Arrière-garde............................. 123

CHAPITRE III.

PRÉPARATION DE LA MARCHE.

128. Instructions.............................. 124
129. Ordre de mouvement...................... 125
130. Du nombre et de la composition des colonnes. 126
131. Reconnaissance des voies de communication. 127
132. Réparation et amélioration des voies....... 128
133. Ordres normaux de marche................ 128
134. Point initial de marche................... 135

CHAPITRE IV.

EXÉCUTION DE LA MARCHE.

Articles.   Pages.

135. Préparatifs de départ.................... 136
136. Batteries, sonneries, rassemblements...... 136
137. Départ jamais retardé 137
138. Formation des colonnes................... 137
139. Heures de départ........................ 137
140. Vitesse de la marche 138
141. Haltes horaires.......................... 138
142. Grand'halte............................. 139
143. Long repos.............................. 139
144. Police pendant la marche................. 140
145. Soins à prendre par les officiers généraux et les commandants d'unités pour maintenir l'ensemble dans la marche........ 141
146. Cas où des troupes se rencontrent......... 142
147. Relations entre les colonnes voisines...... 143
148. Sapeurs en tête des colonnes; jalonnage... 144
149. Alimentation pendant les marches 144
150. Honneurs à rendre pendant la marche.... 145
151. Malades, chevaux de main, voitures....... 145
152. Rapports................................ 145
153. Dispositions à l'arrivée 145

CHAPITRE V.

DISPOSITIONS CONCERNANT LES TRAINS RÉGIMENTAIRES ET LES CONVOIS D'APPROVISIONNEMENT.

154. Vaguemestres 146
155. Ordre de marche des éléments composant les trains 147
156. Réunion et départ des trains............. 149
157. Garde des trains, leur escorte............ 149
158. Convois administratifs des subsistances.... 150
159. Parc d'artillerie......................... 151
160. Dépôt de remonte mobile................ 152
161. Hôpitaux de campagne................... 152

Articles.	Pages.
162. Rencontre de trains ou de convois............	152
163. Mesures de police et de surveillance concernant les trains régimentaires et les convois.	153

TITRE IX.

SERVICE DE SURETÉ.

Iʳᵉ PARTIE.

Avant-postes.

CHAPITRE Iᵉʳ.

CONSIDÉRATIONS GÉNÉRALES.

164. Mission des avant-postes..................	155
165. Emplacement et force des avant-postes......	157

CHAPITRE II.

AVANT-POSTES D'INFANTERIE.

166. Composition des avant-postes d'infanterie..	158
167. Commandant des avant-postes............	161
168. Devoirs des sentinelles..................	162
169. Petits postes..........................	164
170. Grand'gardes..........................	166
171. Réserve des avant-postes................	167
172. Mot d'ordre aux avant-postes.............	168
173. Consignes.............................	168
174. Parlementaires........................	171
175. Déserteurs............................	172
176. Rondes et patrouilles...................	172
177. Pose et relèvement des avant-postes.......	174
178. Mise en mouvement des avant-postes......	176
179. Conduite en cas d'attaque par l'ennemi....	176
180. Avant-postes irréguliers — Postes de quatre hommes...................................	177

CHAPITRE III.

AVANT-POSTES DE CAVALERIE.

Articles.	Pages.
181. Cavalerie du service d'exploration.........	178
182. Cavalerie du service de sûreté...........	179
183. Règles spéciales aux avant-postes de cavalerie..................................	180
184. Avant-postes mixtes......................	182

IIe PARTIE.

Des reconnaissances.

185. Définition des reconnaissances............ 182

CHAPITRE Ier.

RECONNAISSANCES ORDINAIRES.

186. Objet des reconnaissances ordinaires....... 183
187. Service des reconnaissances ordinaires..... 183
188. Composition des reconnaissances ordinaires. 184
189. Précautions à observer 185
190. Rencontre de l'ennemi..................... 186

CHAPITRE II.

RECONNAISSANCES SPÉCIALES.

191. Objet des reconnaissances spéciales........ 187
192. Exécution des reconnaissances spéciales... 188

CHAPITRE III.

RECONNAISSANCES OFFENSIVES.

193. Objet des reconnaissances offensives....... 188
194. Par qui ordonnées......................... 189

CHAPITRE IV.

RAPPORTS SUR LES RECONNAISSANCES.

195. Rapports 189

TITRE X.

INSTRUCTION SOMMAIRE SUR LES COMBATS.

Articles.		Pages.
196.	Prescriptions générales..................	190
197.	Combat offensif.......................	194
198.	Combat défensif.......................	195
199.	Rôle de la cavalerie pendant le combat....	197
200.	Devoirs des officiers et sous-officiers pendant le combat............................	198
201.	Rapports ; mentions à l'ordre et au bulletin..	200

TITRE XI.

DES CONVOIS ET DE LEUR ESCORTE.

202.	Objet des convois ; composition de leur escorte...............................	202
203.	Autorité du commandant	202
204.	Division du convoi....................	203
205.	Renseignements et reconnaissances préalables...............................	204
206.	Dispositions pour la marche et pour la défense..............................	205
207.	Haltes ; parcs	207
208.	Défense d'un convoi...................	208

TITRE XII.

DES DÉTACHEMENTS.

209.	Réunion des détachements...............	210
210.	Composition des détachements	211
211.	Rang des détachements et des officiers qui en font partie.........................	212
212.	Rencontre de plusieurs détachements......	212
213.	Ordre de marche dans les détachements mixtes	213

Articles.   Pages.
214. Autorité des commandants de détachement
     et comptes à rendre................... 243

TITRE XIII.

DES PARTISANS.

215. Objet et composition des détachements de
     partisans.............................. 214
216. Précautions à observer................. 215
217. Guides et espions...................... 217
218. Attaque d'un convoi.................... 218
219. Prises................................. 219

TITRE XIV.

SERVICE DE LA GENDARMERIE AUX ARMÉES.

220. Attributions générales................. 220
221. Inspecteur général des prévôtés des armées,
     grand prévôt, prévôts et officiers de la
     force publique......................... 221
222. Attributions spéciales................. 221
223. Garde et escorte des prévôts........... 222
224. Individus non militaires............... 223
225. Cantinières des corps de troupe........ 224
226. Un médecin et un pharmacien sont chargés
     d'apprécier la qualité des liquides et co-
     mestibles débités...................... 225
227. Délits, contraventions et amendes...... 225
228. Domestiques............................ 225
229. Prisons................................ 226
230. Militaires arrêtés ou en désertion..... 226
231. Déserteurs ennemis..................... 227
232. Fonctions de la gendarmerie dans les
     marches,............................... 227
233. Voitures du pays....................... 227
234. Chasses; jeux; femmes de mauvaise vie.. 227

Articles.	Pages.
235. Chevaux d'inconnus et chevaux volés	228
236. Rapports des prévôts	228

TITRE XV.

DES SAUVEGARDES.

237. Par qui fournies	229
238. Par qui sont établies les sauvegardes	229
239. Remplacement des sauvegardes	229
240. Concours des habitants	230
241. Rétributions	230
242. Police des sauvegardes	230
243. Sauvegardes écrites	230
244. Impression du titre des sauvegardes	230

TITRE XVI.

DE L'ATTAQUE DES PLACES.

CHAPITRE Ier.

245. Conduite des sièges	231
246. Marche générale des opérations	231
247. Investissement et opérations préliminaires.	232
248. Reconnaissance de la place. — Choix du point d'attaque. — Etablissement du projet d'attaque	234
249. Commencement des attaques. — Ouverture du feu	234
250. Ouverture de la première parallèle et des tranchées d'attaque	234
251. Batteries de deuxième position	235
252. Travaux d'approche	236
253. Brèches et assauts	236
254. Attaque d'une grande place à forts détachés.	237
255. Occupation de la place	237

CHAPITRE II.

SERVICE DES TROUPES DANS LES SIÈGES.

Articles. Pages.
256. Composition de l'armée de siège. — Personnel spécial.................. 238
257. Equipages de siège.................... 239
258. Bases du service de l'artillerie et du génie dans les sièges. — Plan directeur des attaques........................... 240
259. Du service de tranchée................ 241
260. Généraux et colonels de tranchée....... 242
261. Major de tranchée.................... 243
262. Service de l'infanterie................. 244
263. Gardes et travailleurs de tranchée...... 244
264. Munitions............................ 246
265. Cas de sortie de l'ennemi.............. 247
266. Service de la cavalerie................ 247
267. Service de l'artillerie................. 248
268. Service du génie..................... 249
269. Rapports des officiers de tranchée...... 250
270. Distributions extraordinaires........... 251
271. Secours aux blessés................... 251

TITRE XVII.

DE LA DÉFENSE DES PLACES.

CHAPITRE Ier.

GOUVERNEURS DES PLACES, COMMANDANTS DES FORTS.

272. Désignation des gouverneurs et commandants............................. 252
273. Rapports des gouverneurs avec le commandant de l'armée.................... 253
274. Rapport des gouverneurs avec les commandants de troupes de passage........... 254
275. Autorité du gouverneur................ 255

CHAPITRE II.

DES GARNISONS.

Articles.	Pages.
276. Garnisons de sûreté et de défense.........	256
277. Bases de formation des garnisons.........	257
278. Conseil de défense......................	258
279. Service des troupes dans les places assiégées.	259

CHAPITRE III.

PRÉPARATIFS DE LA DÉFENSE.

280. Plan de défense........................	261
281. Mesures de sûreté......................	262
282. Mise en état de défense.................	263
283. Etat de siège...........................	264

CHAPITRE IV.

CONDUITE DE LA DÉFENSE.

284. Devoirs généraux......................	265
285. Défense des places avec forts détachés....	265
286. Défense des places à simple enceinte et des forts isolés............................	269
287. Des mines.............................	270
288. Responsabilité du commandement........	270

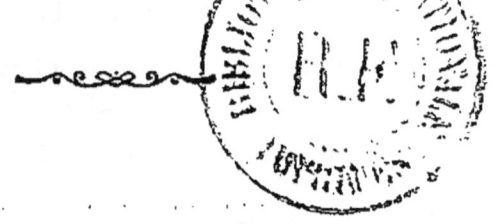

Limoges. — Impr. H. Charles-Lavauzelle.

www.ingramcontent.com/pod-product-compliance
Lightning Source LLC
Chambersburg PA
CBHW070757170426
43200CB00007B/814